L'ATELIER D'ÉCRITURE EN QUESTIONS.
DU DÉSIR D'ÉCRIRE À L'ÉLABORATION DU RÉCIT

NB
Poche

ANDRÉ MARQUIS et HÉLÈNE GUY

avec la collaboration de Camille Deslauriers

L'ATELIER D'ÉCRITURE EN QUESTIONS

Du désir d'écrire à l'élaboration du récit

Éditions Nota bene

Les Éditions Nota bene remercient le Conseil des Arts du Canada
et la SODEC pour leur soutien financier.

Nous reconnaissons l'aide financière du gouvernement du Canada par
l'entremise du Programme d'aide au développement
de l'industrie de l'édition (PADIÉ) pour nos activités d'édition.

Composition et infographie : Isabelle Tousignant
Correction d'épreuves : Marina Girardin
Conception graphique : Caron et Gosselin, communication graphique

Distribution : SOCADIS

ISBN : 978-2-89518-267-2

Éditions Nota bene
1230, boul. René-Lévesque Ouest
Québec (Qc), G1S 1W2
site : http://www.notabene.ca

Les auteurs remercient le Conseil de recherches en sciences humaines du Canada, plus précisément le programme « Initiatives de développement de la recherche », pour sa contribution au projet intitulé « Conception et expérimentation d'un modèle d'interventions en ateliers d'écriture et en mentorat » (2000-2003), qui a été à la source de cet ouvrage.

Ils tiennent également à exprimer leur plus profonde reconnaissance à Renald Bérubé, professeur retraité, et à Danyelle Morin, écrivaine, ainsi qu'aux étudiantes et aux étudiants qui, à un moment ou à un autre, ont gravité autour de leur équipe de recherche, composée de :

- Chercheure principale : Hélène Guy (Université du Québec à Trois-Rivières, puis Université de Sherbrooke)

- Cochercheurs : Renald Bérubé (Université du Québec à Rimouski) et André Marquis (Université de Sherbrooke)

- Partenaire : Danyelle Morin (Camp littéraire Félix)

- Assistants de recherche : Camille Deslauriers et Sylvie des Rosiers (Université de Sherbrooke) ; David Forget, François Mireault, François Bruneau, Priscilla Bouchard et Mario Brassard (Université du Québec à Trois-Rivières) ; Francis Langevin (Université du Québec à Rimouski).

À Michel Théoret,
un collègue, un mentor, un ami

LA VITRINE

> L'écriture ne crée rien, en fait, elle
> puise à un fond d'humanité de quoi
> raconter des histoires.
>
> Lise BISSONNETTE,
> *Des lettres et des saisons.*

Depuis une trentaine d'années, de plus en plus de professions et d'activités récréatives recourent à l'écrit sous différentes formes : le journalisme, la rédaction, la publicité, la communication écrite, les échanges électroniques… Les clientèles visées se sont elles aussi diversifiées, qu'il s'agisse des aînés qui participent aux ateliers d'écriture à l'université du troisième âge, des amateurs qui se regroupent à la Fédération québécoise du loisir littéraire, des enfants qui s'impliquent dans des projets de fiction avec des écrivains pour la jeunesse, des étudiants qui s'inscrivent à des ateliers de création littéraire[1]. Les objectifs des participants varient tout autant : remettre un récit de vie à leurs enfants, exprimer leur créativité, traverser une dure épreuve, travailler avec des écrivains dans un camp littéraire, soumettre un texte à une revue… Et tous ces gens deviennent vite des passionnés de l'écriture !

Nous nous sommes interrogés sur les problèmes de conception, d'écriture et de travail du texte

---

1. Atelier d'écriture : animateur (écrivain ou professeur) qui supervise les pratiques d'écriture d'un petit groupe de participants (amateurs, étudiants ou écrivains de la relève). Nous utilisons aussi, indistinctement, les termes « atelier de création littéraire » et « atelier littéraire ».

éprouvés par les participants et sur les interventions des animateurs, issus pour la plupart des collèges et des universités, des associations d'écrivains ou des organismes de loisirs, dans le cadre d'ateliers et de mentorat[2].

Une précision s'impose d'emblée. Nous n'avons pas orienté notre essai sur l'animation d'activités d'écriture, comme cela se pratique notamment en loisir, en communication, en éducation ou en psychologie. Nous avons privilégié l'atelier comme lieu de discussions et de retour sur les textes produits en dehors des heures de rencontre du groupe.

Nous nous sommes placés du point de vue des participants et avons répertorié, dans un premier temps, les questions qui les préoccupent. Grâce à une subvention de recherche, nous avons pu envoyer des membres de notre équipe participer à quelques ateliers, notamment ceux du Camp littéraire Félix, afin de noter les questions soulevées. Nous en avons recueilli plus de quatre cents, que nous avons regroupées par thèmes sous quatre grandes catégories : 1) atelier (lieu d'écriture, lieu de lecture), 2) écriture (désir d'écrire, imagination, plan, style, réécriture, émotions), 3) récit (narration, personnage, description, temps, dialogue, intrigue) et 4) littérature (genres, éditions).

Les questions qui se recoupaient ont été comptabilisées une seule fois. Certaines abordaient des aspects techniques très précis (par exemple, la

---

2. Mentorat : parrainage d'un apprenti (écrivain de la relève ou étudiant) par un écrivain de métier. Nous utilisons aussi « parrainage ».

notion de rimes en poésie), d'autres portaient sur le champ littéraire en général (notamment l'édition et le statut de l'écrivain). Quelques-unes étaient franchement rigolotes (« Je suis rendu à la quarantième page de mon roman et mon personnage, malgré moi, vient de mourir dans un accident d'auto. Que faire ? »), un petit nombre dépassait le cadre de nos compétences (« J'écris parfois sur des sujets qui me révoltent. D'où vient ce que j'écris ? »). Une centaine de ces questions ont été reproduites dans la section « Le comptoir ».

Comme nous ne pouvions répondre à toutes ces interrogations, nous avons dû, dans un deuxième temps, faire des choix. Nous avons écarté les questions relevant de la sociologie de la littérature (relation avec les éditeurs, bourses aux écrivains…), étant donné que des ouvrages traitent déjà de ces sujets et que l'étape de la publication est postérieure à la participation aux ateliers. De même, nous nous sommes concentrés sur le récit (roman et nouvelle), laissant de côté le théâtre, la poésie, l'essai, l'autobiographie et autres sous-genres spécifiques. L'accent principal de ce livre porte donc sur les problèmes inhérents à la création littéraire, perçus comme une équation à résoudre plutôt qu'une difficulté à surmonter.

Notre approche ne se veut aucunement prescriptive. Pour chacun des sujets, nous proposons une synthèse éclairante de ce qu'en ont dit les théoriciens et présentons différentes stratégies adoptées par les praticiens. Le lecteur est ainsi amené à prendre ses propres décisions en fonction de sa personnalité et de ses objectifs littéraires.

À qui s'adresse ce livre ? Que l'on désire écrire ou se renseigner sur les ateliers d'écriture, notre ouvrage de vulgarisation peut être consulté par maintes personnes. Les animateurs d'ateliers, toujours heureux de mettre la main sur un livre de référence, y trouveront de multiples problèmes réels de création et autant de pistes de solution. Ils pourront raffermir certaines de leurs intuitions et s'outiller pour aborder des sujets avec lesquels ils se sentent moins à l'aise. Les autodidactes pourront le feuilleter à leur guise ou le lire de la première à la dernière page, selon leur degré d'intérêt pour l'écriture et leurs besoins immédiats. Ils y découvriront matière à réflexion et orientations de travail. Ceux qui voudraient se replonger dans l'atmosphère des ateliers, soit pour se rafraîchir la mémoire, soit pour stimuler leur écriture, soit pour régler un problème qui perdure, ressentiront de nouveau, nous l'espérons, cette énergie si communicative qui circule dans les groupes de création. Les étudiants des institutions postsecondaires prendront connaissance de références documentaires incontournables, qui devraient les accompagner encore longtemps dans leurs études. Enfin, les enseignants de tous les niveaux auront du plaisir à élaborer des activités d'écriture à partir des contenus proposés.

Comment avons-nous construit l'édifice de notre livre ? Nous avons tenté de reproduire, par analogie, un véritable atelier d'artisan. « La vitrine » sert évidemment d'introduction. « Le seuil », lui, permet d'entrer de plain-pied dans la problématique de l'atelier et de placer les assises théoriques et pratiques de la création littéraire. « L'étalage », le cœur de l'ouvrage, se divise en douze thèmes, que nous avons répartis en fonction de la progression de tout projet d'écriture. Nous pouvons les réunir autour de trois pôles : l'incubation (le désir, les idées, le plan), l'élaboration (le narrateur, le personnage, le décor, les dialogues, le temps, l'intrigue), la finition (le style, la réécriture, la gestion des émotions). « Le comptoir » récapitule la démarche du participant à l'atelier d'écriture. « L'arrière-boutique », ou la conclusion, favorise le passage de l'après-atelier, alors que le travail de création se poursuit dans une plus grande autonomie. Enfin, « l'entrepôt » donne un aperçu de l'ampleur du phénomène des ateliers d'écriture au Québec et, surtout, présente une bibliographie variée.

1
LE SEUIL

[…] on ne perdra pas de vue que l'atelier littéraire réussi est moins celui où se produisent le plus grand nombre de textes publiables, s'il en est, ou proches de l'être, que celui où les participants, à force d'audace, d'expériences, auront trouvé des matières et manières qui leur conviennent, et partant, éliminé, ne serait-ce que pour un temps, ce qui ne leur correspond pas ou plus. Le but ultime de l'atelier est d'accélérer un processus de confirmation ou d'acquisition de nouveaux comportements dans l'écriture.

André Carpentier,
« Écrire des nouvelles en atelier ».

La participation à un atelier d'écriture s'avère bénéfique pour qui recherche un lieu d'échange sur les textes produits, les processus de création et la littérature. En revanche, nul besoin de s'inscrire à un atelier pour écrire. Paul Chamberland est catégorique à ce sujet : « L'acte de création littéraire est essentiellement individuel. Dans cette perspective, on ne saurait attribuer comme enjeu à l'atelier la pleine et entière formation de l'écrivain […]. » (1988 : 62-63) Cette réserve de l'écrivain-professeur ne discrédite pas l'atelier, mais en précise plutôt les limites. À propos des potentialités de l'atelier, il ajoute que « l'activité d'atelier comporte des ressources propres susceptibles de favoriser, dans des conditions introuvables ailleurs, la formation en création littéraire » (1988 : 63).

L'important n'est pas tellement de savoir si l'atelier forme ou non des écrivains, car ce serait privilégier une voie unique pour tant de trajectoires différentes, mais bien de démontrer la pertinence des ateliers d'écriture. À cet égard, deux contributions positives font consensus. D'une part, les participants, s'ils ne parviennent pas à peaufiner leur écriture, y développent à tout le moins leur sens critique de la lecture. D'autre part, l'atelier, favorisant les échanges entre les participants et l'animateur, recadre une activité généralement solitaire, l'acte d'écrire, dans une démarche solidaire de groupe. L'atelier n'est donc pas destiné à qui veut faire cavalier seul.

LIEU DE LECTURE

Trois modes de lecture sont exploités en atelier. Dans le premier, le participant est amené à lire ses propres textes pour les retravailler. Processus plus difficile qu'il n'y paraît, puisqu'il n'aura jamais la position du lecteur étranger au texte, mais bien celle de l'écrivain lié corps et âme à ses écrits. Cette capacité de se relire fait partie des apprentissages fondamentaux en création littéraire.

> Lorsque je « me » relis, je renvoie déjà un peu plus l'écriture vers l'Autre, vers le lecteur absent dont j'occupe la place par intérim. L'absence du lecteur dans l'espace du travail d'écriture m'oblige à articuler moi-même ce jeu de forces contraires, cette double pression dont l'écriture est l'objet, et ce, même si je fais lire mon travail en cours d'écriture par un

> *lecteur privilégié. Cette prise en compte du lecteur devient une véritable stratégie d'écriture qui, selon moi, redynamise le processus d'engendrement d'une forme.* (Lachapelle, 1994 : 87)

Cette lecture de son propre texte représente une étape cruciale du processus d'écriture. Elle est caractérisée par cette habileté à discriminer ce qui doit être gardé, ajusté, corrigé, déplacé, soustrait, ajouté, bref réécrit en fonction de l'avancée de son texte et de son cheminement en création.

> *Apprendre à mieux lire, c'est l'effet secondaire le plus fréquent d'un atelier d'écriture… Et c'est normal : la relecture est la seconde phase de la création, le second regard indispensable après la spontanéité du premier jet ; elle amène à cette troisième phase de la création qu'est la* réécriture. (Vonarburg, 1986 : 19)

Comment parvenir à se détacher suffisamment de ses textes pour y voir clair ? En atelier, l'animateur invite les participants à développer cette aptitude en commentant les textes des autres. Ainsi, le second mode de lecture est relié aux échanges entre les individus. Les participants atteignent de la sorte plusieurs objectifs :

- s'outiller sur le plan théorique afin de décortiquer les textes ;
- s'approprier les remarques les plus pertinentes ;

- affirmer leur *veto* sur leurs textes ;
- trouver leur voix d'écrivain ;
- vivre une expérience littéraire unique…

« Écrire, c'est communiquer avec autrui ; mais c'est aussi communiquer avec soi par l'intermédiaire d'autrui. Le lecteur devient alors un miroir – avec tout ce qu'un miroir peut avoir de *révélateur* et de *déformant*. » (Vonarburg, 1986 : 13) Les interactions en atelier d'écriture, multiples et fécondes, proviennent d'un groupe de lecteurs privilégiés qui pratiquent tous l'écriture.

> *Certes, pour formuler une expérience inédite, l'écrivain se laisse guider par des associations verbales, dans une démarche qui le concerne lui seul. Mais, dans un atelier littéraire, son rôle est aussi de commenter le texte d'autrui. Se distanciant de son travail de créateur, il adopte la perspective du lecteur chaque fois que l'écrit lui semble évocateur d'une certaine réalité. La lecture du texte d'autrui lui inspire des réflexions sur la littérature qui affermissent son jugement esthétique. Et la lecture de son texte par autrui le sensibilise, non seulement à la critique, mais encore au phénomène de l'énonciation littéraire.* (Watteyne, 2001 : 17-18)

Le troisième mode de lecture rejoint cette préoccupation. Plus l'atelier avance, plus il est question de littérature. Des titres de livres et des noms d'auteurs québécois ou étrangers, récents ou anciens, surgissent ainsi au fil des semaines. Sans même s'en rendre compte, les participants cherchent peu à peu à recentrer leur travail de création dans une perspective esthétique.

> *Pour celui qui fait profession d'écrire, ou qui rêve d'écrire, il y aurait […] la lecture des œuvres des autres, cela surtout. Les écrivains l'ont toujours comprise et pratiquée, cette voie royale pour apprendre à écrire.*
>
> *Lire donc, lecture sauvage ou savante, lecture distraite ou passionnée, lecture boulimique. C'est la seule école nécessaire, parfois suffisante, puisqu'une grande œuvre littéraire contient à la fois ses langues, sa forme, ses structures, son expérience au monde, et qu'elle les livre dans un ensemble organique comme ne sait pas le faire la vie quotidienne. Lire des centaines d'œuvres, pour apprendre à écrire et, pourquoi pas, à vivre.* (Audet, 1990 : 27)

À défaut de participer à un atelier d'écriture, un individu peut s'imposer lui-même certaines lectures. Il n'est d'ailleurs pas rare que des écrivains se constituent, en plus, leur propre comité de lecture formé de gens aptes à commenter des textes autrement que de façon complaisante.

> *Quand j'écris*, précise Audet, *je me dis parfois qu'un membre de mon petit comité de lecture ne comprendra pas ou n'aimera pas certains passages de mon roman. Donc, je*

> censure quelques éléments, mais c'est surtout
> lors de mes dernières écritures que j'envisage
> les réactions possibles de mes lecteurs. (Guy,
> 2001 : 48)

Bon nombre d'écrivains confirmés se prévalent
des trois modes de lecture dont il vient d'être question. Un atelier d'écriture a toutes les chances de
contribuer à la formation de ses participants s'il mise
sur la lecture et l'analyse d'œuvres littéraires.

DÉMARCHE DE CRÉATION

Plusieurs motifs, et notamment l'attrait de la
publication, peuvent justifier l'inscription à un atelier d'écriture. Les animateurs perçoivent fréquemment ce désir latent, et certains n'hésitent pas à en
faire le moteur de leur atelier.

> *Néanmoins, quand j'anime des ateliers, j'es-*
> *saie de réfuter l'objection suivante : « J'écris*
> *uniquement par plaisir, je ne veux pas*
> *publier ». Il s'agit d'une réaction de défense*
> *qui s'explique facilement : on peut la com-*
> *prendre, mais on ne doit pas l'encourager,*
> *parce qu'il faut une grande motivation pour*
> *que l'écriture s'améliore. L'atelier littéraire,*
> *répétons-le, est la première étape d'un travail*
> *éditorial.* (Dupré, 1988 : 81)

Participer à un atelier, c'est donc s'engager dans
une démarche d'écriture sérieuse, même si peu de
textes parviennent à franchir l'épreuve de la
publication.

Motivation

La motivation de celui qui veut écrire est d'abord intrinsèque. Dans les ateliers en milieu post-secondaire, la notation académique importe moins que la détermination des étudiants à produire des textes. À preuve, les professeurs reçoivent plus de pages à commenter qu'ils n'en exigent !

En atelier d'écriture, les participants suivent deux voies parallèles : celle du texte en transformation et celle de l'écrivain en mutation. Face à ce mouvement continu, où ni le texte ni les réflexions de l'auteur ne sont immuables, le mythe du texte intouchable tombe assez rapidement.

> *De toute façon, pour arriver à fonctionner dans le cadre d'un atelier d'écriture, et pour créer tout court, je crois qu'il est nécessaire de ne pas tenir trop rigoureusement à l'idée d'une quelconque « intangibilité de l'œuvre ». Un texte, par exemple, n'est pas une Vache Sacrée : on peut se permettre de lui donner quelques coups de pied ; il faut le secouer, pour voir s'il tient bien… Et il faut accepter que les autres lui donnent des coups de pied et le secouent – ce qui est déjà plus difficile… mais peut éviter le tête-à-tête mortel et paralysant de l'autosatisfaction.* (Vonarburg, 1986 : 19)

Assez tôt, les participants comprennent que leur résistance à retravailler l'écriture tient davantage à eux-mêmes qu'au texte en chantier. En ce sens, l'atelier aborde les questions relatives à tout ce qui favorise ou freine une démarche de création.

Un des plus grands mérites de l'atelier d'écriture est d'introduire un processus de lecture dynamique, axé sur la forme, c'est-à-dire sur la manière dont les textes sont écrits, plus que sur le contenu des œuvres. « Impossible en effet de créer, d'enseigner à plus forte raison la création, au milieu des contenus sans forme ou des formes sans objet [...] » (Lapierre, 1988 : 69) Cet enjeu structurel, qui sous-tend toute démarche de création littéraire, demeure une préoccupation fondamentale dans les ateliers.

> *Le plus dur est là : se percevoir comme forme et non pas comme image, distinguer cette tension esthétique d'une projection du moi sur le monde [...]. Et c'est bien là le point critique – si justement nommé – l'essence même du travail d'atelier [...].* (Lapierre, 1988 : 69)

Pourtant, bien des participants pataugent dans les méandres du contenu et n'ont aucune conscience de l'écriture comme édifice architectural. D'où un certain nombre de résistances. « Détruire l'image d'une langue "naturelle", faire accepter que le langage est un matériau, l'écriture, une pratique à la fois sonore et visuelle, voilà une première difficulté qu'il n'est pas si facile de contourner. » (Dupré, 1988 : 78) Pour y parvenir, les participants doivent modifier leur rapport à la langue comme lieu d'expression ou de communication, c'est-à-dire quitter l'écriture fonctionnelle à laquelle ils sont habitués et amorcer leur texte sous le mode de la création.

> *En ce sens, la littérature est une parole qui ne se referme pas sur son objet, qui permet des*

> *fuites latérales, c'est un discours troué, à*
> *l'image du processus qui l'a produit. Troué,*
> *car il laisse fuir la signification de tout bord,*
> *au-delà de l'habituelle linéarité du langage.*
> *Autrement dit, la parole littéraire ne renonce*
> *pas à toucher au passage des objets multiples,*
> *même lorsqu'elle feint de poursuivre un objet*
> *unique ou principal.* (Audet, 1988b : 33)

Ce passage vers l'écriture littéraire doit être accepté par les participants, sans quoi nul discours ne peut être tenu sur les textes. Ceux qui ne peuvent retravailler leur texte de crainte qu'il ne s'écroule sont encore confinés au mode d'expression de soi. Leur texte renferme l'émotion qu'ils ont vécue au préalable sans pour autant la susciter. S'ils veulent effectuer une démarche d'écriture littéraire, ils doivent modifier leur posture énonciative et produire un texte qui génèrera de l'émotion. En effet, si le texte littéraire ouvre des avenues de lecture, c'est précisément parce que la forme l'emporte sur le contenu.

MAÎTRE ARTISAN

Selon qu'il est animé par un écrivain, par un écrivain-professeur ou par un professeur non-écrivain, l'atelier sera orienté différemment. Par exemple, Élisabeth Vonarburg juge important que l'animateur écrive au même titre que les participants :

> *Pour atténuer l'aspect hiérarchique de la*
> *relation maître/élèves (potentiellement*

> démotivante), il est nécessaire, pour ne pas
> dire impératif, que les animateurs produisent
> des textes, comme tous les autres participants.
>
> Cela implique qu'ils soient prêts à accepter la
> possible remise en question de leur autorité
> et/ou de leur compétence. Ce n'est pas parce
> qu'on est professeur de français ou de littéra-
> ture qu'on est écrivain, la théorie et la prati-
> que étant comme on le sait deux choses plus
> ou moins distinctes. Les animateurs doivent
> accepter de se trouver dans la même situation
> que les étudiants du groupe qu'ils animent et
> de jouer le jeu *avec eux et comme eux.*
> (1986 : 13-14)

Que l'animateur écrive peut, en effet, être souhaitable, mais que ses textes circulent dépend du contexte de l'atelier, de ses visées et de l'atmosphère que l'animateur désire faire régner au sein de son groupe. Est-il en mesure de soumettre ses textes aux participants sans effaroucher les plus timides ? Risque-t-il de devenir un modèle pour certains ou une cible pour d'autres ?

Chaque animateur colore l'atelier par sa façon d'intervenir, de transmettre ses commentaires et de diriger ses troupes. Ainsi, Claudine Bertrand met l'accent sur l'accompagnement des femmes par l'écriture :

> Toutefois, disons que d'une manière générale,
> j'aurai été l'accompagnatrice de ces femmes
> dans les différents moments ou étapes de dé-
> veloppement de la création. J'aurai parcouru

> avec elles le chemin les conduisant d'un point
> à un autre, telles des voyageuses faisant des
> haltes, mais sans qu'aucune pression ne soit
> exercée dans le but de leur faire atteindre un
> quelconque sommet. Certaines se sont arrê-
> tées en cours de route, d'autres auront conti-
> nué en vue de trouver leur propre voie et se
> seront rendues à la publication. (1988 : 41)

La dynamique de rétroaction (professeur-étudiants) conditionne la réussite de tout atelier. Louise Dupré fait ressortir l'ambiguïté qui découle du statut de l'animateur :

> Pourtant, si la relation est bien vécue dans le
> groupe d'écriture, le rapport de pouvoir est
> déplacé vers un rapport de savoir. Inutile de
> se le cacher : l'animatrice, l'animateur,
> comme professeur, écrivain, critique littéraire
> ou éditeur, est investi par le groupe d'un
> statut spécial, d'une « aura ». Il s'établit une
> situation comparable à une situation de
> transfert, ce qui peut nous faciliter la tâche,
> mais en même temps, nous rend celle-ci
> particulièrement délicate. (1988 : 80)

Le rôle du « maître » n'est pas sans importance. Au lieu de mettre l'accent sur lui-même, l'animateur doit se tourner vers les participants et créer un climat de confiance entre lui et le groupe ainsi qu'entre tous les membres du groupe. « Ce que l'animateur doit clairement proposer, c'est ce que j'appelle un *contrat de réciprocité*. De telle sorte que chaque étudiant éprouve comme aussi nécessaire que la tâche

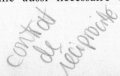

d'écriture celle de la lecture des textes produits par les autres. » (Chamberland, 1988 : 65) De plus, comme chaque participant écrit, il est souhaitable que l'animateur réserve un temps équitable à chacun. Pour sa part, André Carpentier « privilégie l'écriture *in vivo* (l'étudiant écrit dans son milieu naturel) de fictions brèves, ce qui a l'effet de transformer les ateliers en séances de discussions sur l'écriture, donc de réflexion » (1988 : 108). Le participant devient ainsi coresponsable de sa propre formation, du contenu de l'atelier et de son mode de fonctionnement.

La recherche d'un mentor est une avenue intéressante pour qui a déjà amorcé une démarche d'écriture. Quelques associations d'écrivains en métropole et en région offrent un programme de mentorat ou de parrainage avec un écrivain qui, parfois, est aussi professeur ou éditeur. Le jumelage doit faire l'objet d'une attention particulière, car tous n'adoptent pas les mêmes méthodes de travail. Par exemple, dans un article fort coloré intitulé « L'écriture comme *bungee jumping* » (2001 : 65-74), Vonarburg raconte son désarroi lors d'un jumelage incongru : comment aider une jeune écrivaine qui produit, de façon ininterrompue, des versions autonomes complètes sans jamais les retravailler, alors qu'elle-même s'évertue à tracer des plans très détaillés avant d'écrire ? Cette situation demande d'autant plus d'ouverture d'esprit que le projet de l'étudiant diffère de celui de son « guide ». Lors de l'accompagnement individuel en création littéraire, y compris dans le contexte de direction de mémoires et de thèses, le respect s'impose. Discussions, lectures et échanges sur les textes produits visent non pas à convaincre l'étudiant d'opter pour telle et telle formulation, mais bien à lui donner les outils nécessaires pour qu'il fasse les choix les plus éclairés en fonction de ses propres objectifs et de son parcours d'écrivain.

TROUVER SA VOIX

Les éditeurs cherchent toujours de nouvelles voix qui, paradoxalement, correspondent à leurs politiques éditoriales. Cela déroute les participants en atelier, qui saisissent mal la logique du marché du livre. Comment être davantage soi-même tout en étant apparenté à une collection uniforme ? Par chance, toute démarche d'écriture exige du temps et de nombreuses modifications, si bien que les tensions entre ces deux finalités s'atténuent ou jouent le rôle de catalyseur d'écriture. L'animateur doit cependant être vigilant et faire en sorte que « les participants *travaillent* leurs textes tout en n'étouffant pas leur manière propre, tout en ne se reniant pas » (Dupré, 1988 : 79). En bout de ligne, le participant conserve toujours son droit de *veto* sur tous les changements à apporter à son récit. Ainsi, il évite que son texte, d'une version à l'autre, ne dérive trop et ne lui devienne étranger. En revanche, une forte résistance aux suggestions d'autrui n'est pas non plus souhaitable, car il faut écrire bien des pages, pasticher plusieurs auteurs, se relire constamment avant que n'éclose la voix singulière de l'écrivain.

Plusieurs écrivains notent dans un carnet ce qui les interpelle lorsqu'ils lisent ou écrivent. La création littéraire est aussi alimentée par ces réflexions sur la littérature effectuées par des écrivains dans des essais, des entrevues ou même des fictions.

> *J'ajoute qu'il n'est pour moi que deux lieux où je puis encore tenir certains discours et formuler des hypothèses : le séminaire de création, lieu d'échange et de relation d'aide, et le journal d'écriture, lieu de témoignage sur les enjeux et espoirs, sur les blessures et gratifications de l'écriture, lieu du secret en même temps que d'une expression sans réserve, sans pudeur et sans souci de convaincre qui que ce soit de quoi que ce soit. »* (Carpentier, 2001 : 209-210)

En atelier d'écriture, le carnet se remplit rapidement de fragments aussi essentiels que féconds : citations, commentaires, descriptions, idées, métaphores, phrases entières, réactions, renseignements, etc. Soit tout ce qui marque la gestation d'un texte et la quête de l'écrivain.

L'atelier est l'endroit tout indiqué pour prendre des risques, pour tester différentes idées, puisque les participants et l'animateur agissent comme un filet protecteur en cas de chute. Cette assurance d'obtenir de nombreux commentaires n'existe nulle part ailleurs. Les éditeurs n'ont ni le temps, ni le personnel, ni le budget pour annoter les manuscrits encore en gestation. Les professeurs ne sont pas tous aptes à critiquer des ébauches de textes. Les parents et amis manquent souvent de distance, de compétence et d'objectivité pour apporter un soutien pertinent.

Pourtant, il faut écrire, se relire, recevoir des commentaires, réécrire, raturer des pages et des pages, laisser le texte refroidir, recommencer les premiers chapitres d'un roman, changer de voix narrative, soumettre un poème ou une nouvelle à une revue littéraire, attendre, lire, écrire encore et lire davantage. L'originalité est à ce prix.

> *On peut dès lors inverser un énoncé souvent entendu en classe : « Lire m'influence au point où je risque d'être moins original » et suggérer, au contraire, que les écrivains se souviennent dans leurs textes des lectures qu'ils ont faites. C'est souvent avec une sorte de grâce qu'ils parlent de la logique particulière à l'œuvre qu'ils ont aimée et des différentes ressources langagières mobilisées pour l'atteinte de cette logique. Un tel échange est propice pour rappeler que l'expérience individuelle s'enracine dans un contexte très large dans le temps et dans l'espace, et qu'il n'est d'innovations qui ne s'inscrivent dans une tradition culturelle.* (Watteyne, 2001 : 18)

Savoir situer ses textes dans le champ littéraire, en rupture ou en continuité, voilà un enjeu de taille !

2

L'ÉTALAGE

> À certains moments de votre vie
> d'écrivain, vous avez l'impression
> qu'une force vous pousse à écrire,
> que vous avez des choses à com-
> muniquer et qu'il serait dommage
> de garder tout cela dans votre
> besace. […] Écrire, en cet instant
> précis, devient une nécessité que
> vous ne pouvez réfréner.
>
> Arturo Pérez-Reverte,
> dans Gérard De Cortanze,
> « Arturo Pérez-Reverte. Ma vraie
> patrie, c'est mon enfance ».

2.1 LE DÉSIR D'ÉCRIRE

Pour certaines personnes, le geste d'écrire est aussi naturel que de respirer. Les mots se bousculent à l'écran, l'écriture coule de source. Pour d'autres, la tâche est plus ardue. Chaque page, chaque phrase résultent d'un processus lent et laborieux. Dans les deux groupes cependant, on constate la même urgence de prendre la plume. L'écriture se révèle en fait le seul baume capable d'apaiser la bête intérieure qui les dévore.

Plusieurs individus prétendent vouloir écrire, tout en affirmant du même coup n'en avoir ni le temps, ni la force, ni la volonté. Au diable, les pleurnicheurs ! Si quelqu'un tient mordicus à écrire, rien ne l'en empêche. Il lui suffit de prendre les moyens appropriés : trouver un endroit stimulant, se doter d'un ordinateur (un stylo et des feuilles font aussi l'affaire) et consacrer quelques heures par jour à son projet. Il finira ainsi par pondre un manuscrit.

Quant à la valeur littéraire de ce manuscrit, c'est une autre question.

Le désir d'écrire doit être à ce point intense qu'il tenaille sans cesse l'auteur, de jour comme de nuit, qu'il lui donne le courage de consacrer l'énergie nécessaire à sa réalisation, tout en sachant qu'il n'y a aucune assurance de publication en fin de course. Son texte pourrait bien demeurer à l'état de manuscrit toute sa vie. À moins de s'autoéditer, l'apprenti écrivain n'a, en effet, pas de prise sur le monde de l'édition. Il doit concentrer ses efforts sur les paramètres qu'il contrôle, à savoir son histoire, ses personnages, son style… Celui qui termine un manuscrit devrait être enchanté d'avoir été au bout de son aventure, et tant mieux si elle se prolonge sur les rayons des librairies !

L'écriture suit un chemin sinueux, semé d'embûches et soulevant maintes questions embarrassantes. Pour l'instant, nous en examinerons trois : 1) qu'est-ce que l'originalité ? 2) peut-on s'inspirer de sa vie quotidienne pour élaborer son récit ? 3) comment se donner le droit à l'erreur ?

2.1.1 DE L'ORIGINALITÉ

Depuis la nuit des temps, les histoires que l'on répète à l'oral ou à l'écrit reposent sur quelques grands canevas de base auxquels on apporte de multiples variantes. Comptent vraiment le regard, le langage, le ton, les détails mis en relief. Plus on lit, plus on constate l'étendue des styles, la diversité des visions du monde, la panoplie des univers possibles à décrire. Tout a été dit, mais pas de telle et telle façon ! Daniel Pennac établit un lien indissociable entre l'écriture et la lecture : « Le désir d'écrire est, entre autres choses, chez moi, une prolongation de la jouissance de lire » (Armel, 1997 : 98). En revanche, on n'est pas tenu de feuilleter les millions de livres de la Grande Bibliothèque avant de passer à l'action. Il faut à un certain moment se jeter à l'eau, même si on ressent certaines appréhensions, même si on ne se considère pas encore prêt à faire le saut. Le sera-t-on jamais ?

Ceux qui ont peu lu ont habituellement la crainte de « réinventer » des histoires déjà publiées ou le culot de prétendre être originaux puisqu'ils ne sont pas contaminés par des écritures antérieures. Entre le plagiaire et le génie spontané, il existe pourtant de nombreux cas de figure. Pour les quelques œuvres célèbres écrites sous le feu de l'inspiration et peu remaniées par la suite (pensons à certains textes surréalistes et automatistes), combien ont nécessité un labeur acharné ? Et il faut rappeler les milliers de manuscrits qui demeurent, chaque année, enfouis dans les tiroirs d'auteurs déçus, parce que des maisons d'édition ont refusé de les publier. En effet, la vitesse de rédaction d'un manuscrit ne garantit ni une inspiration de qualité, ni la profondeur de la pensée, ni la réussite littéraire.

Il est inévitable, dans ses premiers textes, de laisser transparaître ses influences, ses préférences. Tablant sur cette constante, Jean-Jacques Pelletier a développé une conception « biologique » de l'originalité :

[...] *l'imitation, dans la plupart des domaines, est une des meilleures formes d'apprentissage qui soit. Parce que l'originalité est un résidu qui se dégage progressivement, à mesure que les influences se mélangent et se décantent, à mesure que se développe le système digestif de celui qui apprend à écrire. L'originalité est au moins autant – et probablement beaucoup plus – affaire d'estomac que d'illumination intérieure* (2002 : 57-58).

Et ne minimisons pas l'effet des auteurs que l'on déteste sur notre écriture, comme le souligne pertinemment Christian Mistral : « S'il est normal, en début de talent, d'apprendre par le biais du pastiche, conscient ou pas, c'est toujours en fin de compte en découvrant *ce qu'on ne veut pas faire* qu'on trouve et module sa propre voix » (2003 : 82).

La recherche de l'originalité à tout prix risque de mener l'écrivain dans une impasse, puisqu'il pourrait frapper le mur de l'incompréhension de ses contemporains. En effet, un écart trop considérable face aux normes littéraires d'une époque conduit au rejet et au dénigrement d'une œuvre d'avant-garde. Inversement, se plier en tous points aux modes en vigueur facilite la reconnaissance, mais pousse plus souvent qu'autrement à la consommation immédiate et à l'oubli à court terme.

Ainsi, l'originalité dépend des ambitions littéraires de celui qui écrit. Selon la position que l'auteur veut occuper dans le champ littéraire, l'originalité n'est ni perçue ni évaluée de la même façon. Elle se définit en fonction des œuvres encensées dans chaque type de production. Vaut-il mieux laisser sa trace dans l'histoire des avant-gardes littéraires ou plaire à ses contemporains ? C'est à chacun de trancher ce dilemme et d'en assumer les conséquences.

2.1.2 DES SECRETS DE FAMILLE...

Le premier roman, dit-on, est souvent autobiographique. L'écrivain s'inspire de son entourage, de ce qu'il a vécu, de l'univers dans lequel il circule quotidiennement. Au sein de la famille et du monde du travail, les conflits ne manquent pas, de même que les frustrations, la haine et les passions déchirantes. Les principaux ingrédients sont ainsi réunis pour permettre à l'écrivain de concocter une histoire savoureuse. Les portraits des personnages, leurs réactions et leurs interrelations, les événements qui se produisent ont beau avoir été transposés par l'auteur, les initiés décodent différemment ce récit auquel ils raccrochent des visages connus, des paroles entendues, des drames vécus.

Jacques Poulin reconnaît avoir emprunté cette voie.

> *J'ai tout simplement choisi un personnage qui me ressemblait et je l'ai mis dans le milieu que je connaissais, le Vieux-Québec. Ensuite, l'histoire s'est construite petit à petit. J'avais lu dans les interviews de Hemingway que la meilleure façon d'écrire était de parler des choses que l'on connaissait le mieux* (Major, 1997 : 166).

De cette façon, on commet sans doute moins d'erreurs factuelles et circonstancielles. À titre d'exemple, Kathy Reichs, anthropologue judiciaire pour The Office of the Chief Medical Examiner en Caroline du Nord et pour le Laboratoire de sciences judiciaires et de médecine légale de la province de Québec, écrit des *best-sellers* dans lesquels elle met à contribution ses connaissances techniques, scientifiques et procédurales. Fixer son décor dans un lieu familier en simplifie nettement la description. On voit le tableau dans son ensemble ; on hume encore les odeurs particulières qui y sont rattachées ; on se souvient de la réverbération d'un coucher de soleil sur la façade d'un édifice… Les détails évocateurs émergent ainsi plus facilement à la conscience de l'écrivain.

Avec sa verve colorée, Guy Fournier va plus loin et qualifie d'emblée l'écrivain d'« affreux voleur » :

> *Pis encore, ses proches constituent ses premières et ses plus fréquentes victimes. Son conjoint d'abord, puis ses enfants, puis ses oncles, tantes, cousins, etc. Ses meilleurs amis et tous ceux qui ont le malheur de lui faire des confidences comptent aussi parmi ses innocentes proies. Il leur vole tout ce qui est d'intérêt : leurs anecdotes, leurs histoires de famille, leurs histoires de cœur, leurs blagues, leurs opinions, leurs préjugés et leurs superstitions. Il viole leur intimité, il entre dans leur cœur et dans leur âme pour mieux en tirer parti ensuite. C'est un être sans vergogne, sans foi ni loi. Et comme si ce n'était pas suffisant, il ira même jusqu'à s'approprier tares et défauts physiques de ses proches (strabisme, vergetures, bégaiement, calvitie) pour les attribuer à des personnages qu'il prétend créer de toutes pièces mais qu'il calque en fait sur les orignaux. Épouser un auteur, c'est accepter que sa vie et celle de toute sa famille devienne un grand livre ouvert (2003 : 174-175).*

Mais ne perdons pas de vue que le rapport que l'auteur entretient avec son texte est un rapport de création ; il ne rédige pas ses mémoires, il transforme le réel. Il ne raconte pas sa vie au sens anecdotique, il parle de lui, de sa quête fondamentale de vivre. La différence est de taille. Alors que les lecteurs naïfs cherchent à démasquer l'écrivain derrière ses personnages, les bons lecteurs savent pertinemment que l'écrivain se retrouve dans tous ses mots, dans tous ses personnages, de même qu'entre les lignes, dans l'atmosphère qu'il a su rendre palpable par sa création.

Ceux qui cherchent à produire à tout prix un puissant effet de réel vont tenter de combler leurs lacunes en se documentant sur les sujets qu'ils maîtrisent moins bien. Ils vont aussi faire vérifier le contenu de leur texte par des spécialistes afin d'éviter les incongruités, les erreurs grossières. Certains poussent même le mimétisme jusqu'à vivre quelques jours avec des gens pratiquant un métier qu'ils connaissent peu, pompier par exemple, pour sentir l'atmosphère de travail, palper les angoisses et les peurs inhérentes à ce milieu, décortiquer les gestes professionnels de tout un chacun.

D'autres écrivains, avec autant de conviction, tiennent un discours totalement opposé et ne voient aucun problème à écrire sur des sujets qui leur sont éloignés. Voici la position de l'auteur américain T.C. Boyle :

> *On nous répète qu'il faut écrire sur ce que l'on connaît. C'est en tout cas ce que l'on répète aux étudiants. Moi, je dis exactement le contraire : à moins de vous spécialiser dans l'autobiographie, il faut écrire sur ce que vous ne connaissez pas. C'est*

> *un exercice d'imagination et c'est beaucoup plus*
> *riche* (Rapp, 1997 : 116).

Tout repose en fait sur le contrat de lecture que l'écrivain propose à son lecteur. Le calque du réel est-il capital pour la bonne réception de son texte ? A-t-il conçu un monde farfelu où l'imaginaire compte davantage ? Les premières lignes du texte donnent le ton et la clé pour bien le décoder. L'enjeu est crucial. Parler de ce que l'on connaît, de son entourage, avec le risque de trahir certains secrets de famille ; inventer de toutes pièces des univers dans lesquels personne n'a circulé (science-fiction, fantastique, etc.) ; privilégier une perception d'un certain milieu, au détriment peut-être de son véritable mode de fonctionnement, puisque l'effet de lecture importe plus que l'effet de réel.

Par conséquent, méfions-nous des écrivains ! Ce sont des éponges qui aspirent des milliers d'informations et les enregistrent pour les utiliser par la suite dans un texte : le physique disgracieux d'un voisin servira à décrire un personnage antipathique ; une expression langagière colorée d'une amie ponctuera les répliques d'une vaillante héroïne ; le costume bigarré d'un marginal du centre-ville se retrouvera sur les épaules de… L'écrivain n'a pas à demander la permission à qui que ce soit pour ce genre d'emprunts que le commun des mortels ne remarquera pas et qui ne porte préjudice à personne. La liberté d'expression a cependant ses limites. On ne peut écrire de littérature haineuse ni utiliser des personnes réelles et reconnaissables en portant atteinte à leur dignité ou à leur réputation. C'est à chacun de faire preuve d'une autocensure efficace et intelligente. Libre de ses mouvements, l'écrivain est tout de même responsable de son texte.

2.1.3 DES AVANT-TEXTES

En période de conception, le cahier d'écriture demeure un instrument de travail privilégié parce qu'il donne le droit à l'erreur, condition essentielle pour innover, donc créer. Les formes que peuvent prendre ce cahier sont multiples : elles vont du cahier d'écolier au bloc-notes de l'ordinateur en passant par les feuilles volantes, les napperons des cafés ou les livres d'art aux pages blanches reliées à la main. D'autres utilisent même le magnétophone lors de leurs déplacements ! Mais il existe bel et bien un trait commun entre tous ces supports. Le cahier d'écriture recèle des idées et des avant-textes que l'écrivain pourra élaguer en fonction de ses critères et des contraintes inhérentes à ses textes.

Patricia Highsmith, écrivaine de suspense, considère le carnet de notes comme un outil indispensable :

> Je recommande beaucoup aux écrivains l'usage du carnet de notes, petit si l'on travaille à l'extérieur de chez soi, plus grand si l'on a le luxe de pouvoir rester à la maison. Cela vaut souvent la peine d'inscrire ne serait-ce que trois ou quatre mots, s'ils évoquent une réflexion, une idée ou une humeur. Dans les moments de panne, on devrait feuilleter ses notes. Une idée peut soudain prendre forme. Deux idées peuvent se rejoindre, peut-être parce qu'elles étaient destinées à se rejoindre dès le début (1988 : 25).

Le cahier d'écriture prend son sens à la frontière de deux mondes : le premier, centré sur l'écrivain en changement, et le second, sur le texte en chantier. Tantôt, le cahier sera noirci de mots, de phrases et de schémas illustrant un écrivain qui modifie ses perceptions, ses attitudes et ses comportements ; tantôt il fournira des intentions reliées au projet de création, des bribes de textes ou des architectures plus ou moins élaborées. En somme, le processus de création s'actualise toujours autour de ces deux plans.

Les avant-textes offrent beaucoup d'avantages à l'écrivain. Ils lui permettent de clarifier ses objectifs, d'amorcer le travail d'écriture chaque jour avec le privilège de raturer à loisir et de se rapprocher progressivement de ses premières écritures. De plus, ils lui donnent le moyen de contourner des obstacles telle la page blanche ou d'éviter des erreurs de logique interne du récit, erreurs parfois difficiles à corriger. Par ricochet, ce sont aussi des mines de renseignements précieux pour les chercheurs qui s'intéressent à la génétique des textes, aux diverses transformations des manuscrits, à la façon de travailler des écrivains.

Mais ce n'est pas tout de ressentir une irrépressible envie d'écrire, encore faut-il avoir quelque chose à dire. Comment naissent les histoires ? À quelle source puise-t-on ses idées ? Les écrivains adoptent-ils certains rituels pour stimuler leur imagination ?

Comment vient l'idée d'un livre ? On pose souvent cette question, et les écrivains pataugent beaucoup pour essayer d'y répondre. À mon avis, c'est une question sans réponse parce que le plus important se passe dans l'inconscient.

Jacques POULIN,
dans André Major,
L'écriture en question.

2.2 LA FOLLE DU LOGIS

C'est toute une épreuve que d'écrire un livre ! À quel moment l'histoire dont on entraperçoit des éléments prometteurs est-elle prête à être couchée sur du papier ? Peut-on se fier uniquement à son imagination, cette folle du logis, pour la mener à terme ? Quel est le signal de départ de cette course inusitée, qui met en scène un individu contre lui-même ?

Claudio Magris, auteur italien, explique en ces termes comment germe, dans son cas, le projet d'un livre :

> Il y a beaucoup de travail derrière l'écriture. Mais chaque livre naît toujours d'un processus intérieur très lent, pendant lequel peu à peu des idées, des thèmes, des sentiments se « coagulent » et s'organisent. Ce processus est presque inconscient, jusqu'à ce qu'une occasion extérieure, un événement, un prétexte permettent au livre de naître à la conscience, de se manifester à l'esprit de l'écrivain et donc – par la suite – de se réaliser concrètement. Je crois qu'en moi coexistent des histoires, des

déclencheur / inspiration

> genres, des livres différents, mais pour qu'un thème
> s'impose à la conscience avec sa propre forme, il me
> faut toujours un déclic (Gambaro, 1998 : 100).

Variés, inusités, inattendus, les déclencheurs
d'écriture pullulent dans notre environnement quotidien : une photo intrigante, une parole entendue
dans l'autobus, une personne que l'on croise, une
nouvelle à la télé, un événement dont on est le
témoin ou l'un des acteurs, le contact avec une œuvre d'art, une odeur singulière… Ce sont moins les
déclencheurs eux-mêmes que les conditions dans
lesquelles se place l'écrivain pour les percevoir, les
capter et se les approprier qui importent !

Didier Decoin répondait ainsi à un journaliste
qui lui demandait s'il avait besoin d'un choc pour
écrire : « Il me faut un déclencheur. Je suis toujours
en attente d'un sujet, d'une rencontre, d'une image,
et soudain la cristallisation s'opère » (de Cortanze,
2002 : 100).

Les idées ne surgissent pas toujours de façon
spontanée dans le cerveau de l'écrivain. Tel un
pêcheur, celui-ci doit lancer sa ligne dans le lac
effervescent de la vie quotidienne pour les capter. En
effet, les auteurs apprennent vite à regarder, à écou-
ter attentivement, à être réceptif à ce qui les entoure.
C'est ce processus que décrit Gabrielle Gourdeau :

> L'inspiration pour moi, c'est simplement cela,
> l'idée déclencheuse, le quelque chose à dire. Elle ne
> provient ni de muses ailées apparues dans quelque
> rêve tourmenté, ni de la consommation de drogues
> hallucinogènes, d'alcool, pas plus qu'elle ne résulte
> nécessairement d'un drame (mort de quelqu'un,
> accident, dépression, etc.). Dans mon cas, le plus

> *souvent, elle découle d'une observation soutenue*
> *(situation, comportements), elle est le fruit d'une*
> *réflexion approfondie sur un phénomène* [...]
> (2001 : 38).

Pelletier, lui, perçoit différemment le rôle de l'inspiration.

> *Pour moi, et il y a probablement plusieurs écri-*
> *vains dans ce cas, l'inspiration n'est pas un*
> *substitut au travail, ni même son déclencheur : elle*
> *en est la conséquence. L'inspiration, c'est ce qui*
> *survient, parfois, au terme d'un long travail. Et*
> *plus le travail s'accumule au fil des années, plus les*
> *moments d'inspiration se multiplient. Cela s'expli-*
> *que d'ailleurs assez facilement si on définit ces états*
> *« inspirés » comme des moments où la maîtrise*
> *technique de l'écriture en arrive à un point où elle*
> *ne fait plus obstacle à l'expression, où l'inconscient*
> *peut s'exprimer sans trop de résistance* (2002 :
> 118).

En psychologie, les chercheurs, à la suite des travaux de Mihaly Csikszentmihalyi (2006), utilisent le terme « flux » pour désigner ces moments euphoriques où l'être humain a l'impression de maîtriser parfaitement certaines activités complexes (opération chirurgicale, jeu, exécution d'une performance sportive, création d'une œuvre d'art, etc.).

Quelques écrivains vont se servir d'une scène bien précise pour démarrer leur projet d'écriture, dont il ne restera, une fois le livre publié, que peu de traces. L'important n'est pas de commencer avec les premières lignes du récit, mais d'amorcer le processus d'écriture.

Les auteurs parlent tous d'une période de latence durant laquelle le texte mijote à feu doux. Mais que se passe-t-il, au juste, pendant que le texte couve ?

2.2.1 L'INCUBATION

Avant de noircir du papier, les écrivains se laissent habiter par leur sujet, ils le confinent dans leur inconscient où il se nourrira de leurs fantasmes, de leurs rêves, de leurs pulsions. C'est la phase d'incubation du sujet d'écriture. Prendre la plume trop vite risque de conduire l'écrivain dans des culs-de-sac improductifs, de susciter régulièrement des blocages et de mener, plus souvent qu'autrement, à l'abandon du projet d'écriture. Il est difficile par la suite de reprendre un sujet que l'on a ainsi brûlé. Combien d'apprentis écrivains se sont découragés après une telle expérience !

Une autre phase d'incubation intervient, parfois, après la rédaction du premier jet, lorsque l'auteur sent la nécessité de se détacher de son texte avant de le reprendre et de le réécrire entièrement.

Noël Audet décrit ainsi le travail qui prévaut dans l'inconscient :

> *Analogue au travail du rêve, la période d'incubation livre le sujet ou le thème à la machine de l'inconscient qui le bombarde de représentations, d'images concrètes, de visions, de souvenirs, procède à des déplacements, des condensations* (1990 : 126).

De cette façon, ce sont toutes les ressources de l'écrivain, conscientes et inconscientes, qui sont mises à contribution dans l'élaboration du texte.

L'incubation est une clé que maîtrisent et connaissent bien certains écrivains lorsqu'ils parlent de l'importance de s'isoler, de prendre du recul ou de laisser refroidir un texte. Pour qu'elle soit efficace une fois le texte commencé, elle doit être planifiée, c'est-à-dire qu'elle doit débuter avec une série de problèmes bien identifiés (de structure, de relations entre deux personnages, de cohérence de l'action…) et s'achever lorsque des solutions apparaissent.

La durée des périodes d'incubation varie selon les individus, les difficultés, les états d'avancement du manuscrit. Elle peut s'étendre sur plusieurs semaines (mois ?) ou se limiter à quelques battements de paupières, comme le fait remarquer Highsmith : « Les difficultés rencontrées dans l'écriture peuvent se dénouer d'une façon miraculeuse après quelques instants de sommeil. Je m'endors parfois avec mon problème, et me réveille avec la solution » (1988 : 61). Aller marcher dans un parc, laver la voiture, faire la vaisselle sont également des activités simples qui peuvent avoir un effet bénéfique sur l'état d'esprit de l'écrivain et l'aider à se sortir d'impasses scripturales.

Les écrivains de métier savent tous intuitivement comment produire une atmosphère qui favorise l'émergence d'émotions les incitant à écrire. Pour ceux-là, il devient important de conscientiser leur démarche pour la recréer si, par malheur, ils tombent en panne sèche ! Pour les autres dont le métier est encore jeune et pour les participants aux ateliers d'écriture qui n'ont que quelques mois pour exécuter leur projet de création, ils peuvent accélérer le processus grâce aux méthodes et techniques de créativité.

2.2.2 LA CRÉATIVITÉ

S'il fallait attendre l'inspiration pour entreprendre un récit, nombreux sont ceux qui n'auraient jamais écrit une seule ligne. Normand Lafleur suggère plutôt de se tacher les doigts :

> *Ainsi, il est plus aisé de corriger, de raturer, de reprendre que de faire, d'inventer, de créer. La plus méchante phrase vaut mieux que du papier blanc. Attendre l'inspiration est une opération vaine. Il vaut mieux prendre la matière et se salir les mains. N'attendez pas le génie, écrivez régulièrement, génie ou non. Le désir de perfection glace et l'idée d'excellence stérilise. Que votre plume soit comme un pur-sang, lui pardonnant les ruades et les écarts, pourvu qu'elle ait du sang* (1980 : 68).

Le temps passé le stylo (ou les doigts) en l'air est du temps perdu. Ne commencez pas, poursuivez ! De toute façon, il ne restera sans doute pas grand-chose de vos premières pages, que vous ne devez surtout pas considérer comme le début de votre histoire…

Mais, lorsque l'on n'a pas écrit depuis un certain temps, il faut se refaire la main, retrouver ses habitudes, ses réflexes, son style. D'où le recours aux méthodes de créativité, qui varient des plus rationnelles aux plus irrationnelles (combinatoire, associative, littéraire, onirique, etc.). Plusieurs techniques de créativité réfèrent à ces méthodes.

Les techniques imposent tout simplement, sur le mode ludique, des contraintes à l'écrivain (par exemple, concevoir une première phrase contenant certains mots obligatoires, tels que « papillon », « whisky » et « marteau » ; ou former des chaînes de mots à partir d'un terme de départ ; ou encore écrire un court texte sans employer telle ou telle lettre de l'alphabet, etc.). Elles l'amènent ainsi à porter toute son attention sur la réussite du défi à relever et relèguent aux oubliettes les raisons qui l'empêchaient d'écrire. Ces techniques ne garantissent pas la cueillette de sujets originaux ni la qualité du texte produit. Elles cherchent à forcer l'imagination, à faire éclore des idées, à produire du texte. Elles développent chez la personne sa capacité à créer des bisociations. Ce sont les gammes de l'écrivain, ses exercices d'échauffement. Elles le placent dans une prédisposition d'esprit favorable à la création en mettant en action l'hémisphère droit du cerveau (la pensée divergente, vagabonde) plutôt que le gauche (la pensée convergente, efficace).

Les méthodes et techniques de créativité ont d'abord été développées pour régler des problèmes de gestion et de marketing. Elles ont été adaptées par la suite à la psychologie, à l'écrit fonctionnel (la publicité, notamment), puis au texte littéraire. Comme c'est l'hémisphère gauche du cerveau qui contrôle tout ce qui se rapporte à l'écriture (vocabulaire, syntaxe, organisation textuelle, etc.), mais que les idées, les images, les métaphores proviennent de l'hémisphère droit, le cerveau de l'écrivain oscille continuellement d'un hémisphère à l'autre selon une dynamique complexe et particulière.

De nombreux livres ont été écrits sur la créativité et des centaines de techniques et de jeux d'écriture ont été élaborés. Il nous est cependant impossible d'en faire le tour dans cet ouvrage[1].

2.2.3 LES RITUELS D'ÉCRIVAIN

Certains auteurs portent en eux leur histoire pendant des années et, quand elle est mûre, ils en écrivent le premier jet en trois semaines. D'autres au contraire préfèrent plancher quotidiennement sur la même histoire pendant des mois. Dans tous les cas, les habitudes de travail vont souvent faire la différence entre un manuscrit fantasmé et un manuscrit complété.

Qu'ils écrivent le matin ou le soir, dans la quiétude de leur maison ou dans l'effervescence d'un lieu public (bistrots, gares, parcs, etc.) ; qu'ils carburent au café ou au vin de pays ; qu'ils se placent en position assise, debout (Camus, Hemingway, Hugo) ou couchée (Cardinal, Proust) ; les écrivains s'imposent souvent des règles auxquelles ils tentent de déroger le moins possible.

Marie-Josée Fleury et Francine Prévost (2004) suggèrent de développer un cérémonial basé sur des procédés comme la visualisation (descendre en soi et se voir en train d'écrire…), l'automassage et le cri primal, ou encore de faire usage d'encens, d'acces-

---

1. Les personnes intéressées à approfondir cette notion trouveront dans notre bibliographie les références les plus pertinentes.

soires significatifs ou de talismans… dans l'espoir d'éveiller son « âme créatrice ». On le voit, l'imagination, l'insolite et les croyances vaguement ésotériques n'ont pas de limites…

Pierre Tisseyre résume bien les trois postures les plus courantes face à un projet d'écriture :

> *Certains écrivent par à-coups. Lorsque l'inspiration est là, ils travaillent dans la fièvre pendant un nombre incroyable d'heures, sautant des repas, passant des nuits entières sans interruption puis, la crise passée, ils demeurent des jours, des semaines ou même des mois sans rien écrire. D'autres, au contraire, se fixent un nombre de mots chaque jour, 1000 ou 1500 généralement, et mettent le temps qu'il faut pour les écrire. D'autres s'installent à leur table de travail à heures fixes, comme on va au bureau* (1993 : 11-12).

Ainsi, l'écrivain japonais Haruki Murakami affirme se lever à quatre heures du matin et écrire cinq heures d'affilée. Ensuite, il fait du sport (Tran Huy, 2003). Jacques Poulin, lui, divise sa journée de travail en deux : « J'écris dans le plus grand silence et s'il y a du bruit, je mets des boules dans mes oreilles. Je travaille deux heures le matin, deux heures l'après-midi ; en ce moment, ça me permet de faire une demi-page par jour » (Major, 1997 : 175).

D'autres écrivains ont la plume plus aiguisée. Hubert Prolonge nous apprend, par exemple, que Henri Vernes pouvait écrire un Bob Morane en un mois et que Frederic Dard (San-Antonio) composait jusqu'à 25 pages par jour au sommet de sa forme (2004 : 54). Il mentionne aussi que Georges-Jean Arnaud détient le record absolu du plus grand nombre de romans avec plus de 400 titres à son actif… Et dire que certains auteurs ne publieront qu'un seul livre !

Mais, comme le souligne Agnès Verlet, il ne faut pas que le rituel de l'écrivain se retourne contre lui et freine son élan créatif[2] :

> Certes, il y a une jouissance dans l'écriture, mais l'angoisse qu'elle suscite chez beaucoup d'écrivains prend les formes les plus diverses, et les amène à multiplier les rituels et les pratiques obsessionnelles, destinés à différer le moment d'écrire : tailler des crayons, essayer des stylos, marcher ou écouter de la musique, s'installer toujours à la même table du même café, lire une demi-heure, une journée, une vie entière avant d'écrire une ligne, corriger interminablement ce qui a été écrit la veille, ou les jours précédents ou pendant toute une existence, rêver indéfiniment des vacances ou du temps enfin libre qui permettra d'écrire, etc., comme si on ne pouvait écrire que plus tard, un jour, et que le livre soit toujours « à venir » (2003 : 22).

Abordons maintenant une autre question qui divise fondamentalement les écrivains : faut-il concevoir ou non un plan avant de jeter par écrit les premières lignes de son récit ?

---

2. Nous approfondissons les problèmes de blocages affectifs et d'angoisse de la page blanche dans le chapitre « 2.12 La traversée des émotions ».

> Il n'y a pas d'écrivain de prose
> qui n'obéisse à une direction, à
> une stratégie, qui n'entrevoie
> d'avance son chemin, même s'il
> n'a pas rédigé sur papier les
> détails d'un plan laborieux. Et
> si certains prétendent l'inventer
> à mesure, ils veulent dire qu'ils
> éclairent au fur et à mesure les
> détails qu'ils prennent en
> charge, mais ils ont déjà forcé-
> ment aperçu le lointain du
> texte, sinon ils ne pourraient
> pas avancer d'une ligne.
>
> Noël AUDET,
> *Écrire de la fiction au Québec.*

2.3 ARCHITECTE OU IMPROVISATEUR ?

Les « écrivains architectes » passent des jours, des semaines, voire des mois à élaborer des plans. Certains se contentent d'en dresser les grandes lignes, d'autres spécifient les principaux éléments des différents chapitres, les plus maniaques cherchent à rendre compte du contenu de chaque para- graphe. Pierre-Marc de Biasi qualifie cette démarche de « programmation scénarique », c'est-à-dire que « la textualisation est programmée par un scénario ou un plan que l'écrivain pourra modifier en cours de route, mais qui lui servira de guide pendant toute la rédaction » (2001 : 102). Les « écrivains improvi- sateurs », de leur côté, avancent dans l'écriture sans filet et découvrent l'histoire au fil de la plume. De Biaisi nomme cette façon de faire la « structuration rédactionnelle », soit celle « qui se construit et

s'invente de façon plus instinctive au fur et à mesure
de l'élaboration de l'œuvre » (2001 : 102). Voyons de
quoi il en retourne.

2.3.1 LA PROGRAMMATION SCÉNARIQUE

À la fin du XIXᵉ siècle, Antoine Albalat conseillait
à tous de faire un plan rigoureux et de ne pas y déroger d'une seule ligne afin de conserver l'harmonie
entre les parties, telle que l'écrivain l'a conçue en
toute logique et lucidité avant d'entreprendre la
phase de rédaction. Se laisser étourdir et influencer
par la verve de l'écriture ne pouvait conduire, selon
lui, qu'à des digressions, des écarts qui allaient nécessairement affaiblir l'unité du roman (1992).

Près d'un siècle plus tard, Tisseyre préconise
toujours la composition d'un plan détaillé, mais il
invite l'écrivain à faire preuve de souplesse et d'ouverture, quitte à modifier en cours de route le plan
initial (1993).

De Biasi cite Flaubert et Zola comme représen-
tants de l'écriture « à programmation scénarique ».
Il mentionne que les auteurs adhérant à ce mode de
fonctionnement font précéder leur écriture « par un
travail de conception préliminaire, sous la forme de
plans, scénarios, notes, ébauches, recherches documentaires, qui ont pour fonction de préparer et d'organiser une rédaction qui pourra ensuite être mise
en œuvre partie par partie, chapitre par chapitre,
page par page » (2001 : 102). Ces écrivains élaborent
souvent des fiches étoffées sur chacun de leurs
personnages et leurs interrelations.

Les avantages de travailler avec un plan sont considérables. Le plus important, sans doute, c'est qu'il permet de vérifier, dès le départ, si l'histoire qu'on désire raconter tient la route, si elle progresse bien, si elle a suffisamment de souffle et d'originalité. Un plan bien fait évite aussi à l'écrivain de rédiger des chapitres entiers qui prendront le chemin de la poubelle parce qu'ils digressent de l'intrigue principale ou parce que les relations entre les personnages révèlent de flagrantes incohérences.

Daniel Pennac soutient que le plan, fruit de son imagination débridée, le libère des préoccupations créatives et lui permet de consacrer toutes ses énergies à son style.

> Je ne commence à écrire que quand la structure, la conception est achevée. Ce sont deux périodes totalement séparées. Ensuite, je suis dégagé du souci d'invention et je me mets entièrement au service de l'écriture. Je me sens ainsi parfaitement maître de la situation : les personnages ont un destin, ils ne peuvent plus s'échapper (Armel, 1997 : 100).

L'écrivain québécois qui « planifie » le plus son écriture est sans conteste Jean-Jacques Pelletier, ou du moins est-ce celui qui s'est expliqué le plus clairement à ce sujet. Pelletier, à la manière des scénaristes, n'élabore pas un seul plan, il en produit plusieurs.

> Le premier, de quatre ou cinq pages, marque la direction générale de l'histoire ; il indique les principaux éléments, les crises, les points de retournement… autrement dit, les étapes vers la résolution des enjeux. Du moins, de certains enjeux.
> Puis je rédige une nouvelle version du plan, où j'essaie d'expliciter l'histoire en termes de journées.

> *Que se passe-t-il, à chaque jour, pour les princi-*
> *paux personnages ? En quoi leur histoire person-*
> *nelle et les conflits dans lesquels ils sont impliqués*
> *avancent-ils ?… Ce deuxième plan peut facile-*
> *ment compter une quarantaine de pages.*
> *J'entreprends ensuite le vrai plan. Il s'agit d'un*
> *schéma détaillé de chaque scène, qui peut contenir*
> *quelques répliques ou quelques éléments de narra-*
> *tion. J'essaie cependant d'écrire le moins de texte*
> *possible tant que le plan n'est pas terminé. Pour*
> L'Argent du monde, *ce plan faisait environ trois*
> *cents pages* (2002 : 136-137).

Et ce n'est qu'ensuite qu'il se met à écrire…
Curieusement, cette façon de faire ne brime pas son
imagination ; il ne se sent pas confiné dans un espace
figé à tout jamais. Grâce à l'extrême précision de ses
plans, il sait exactement les passages qu'il doit retravailler dans son manuscrit lorsqu'il décide de changer le contenu d'un épisode (que ce soit des indices
antérieurs ou des conséquences qui en découlent).

Marguerite Duras défend, pour sa part, une
approche littéraire totalement opposée : « L'écriture
c'est l'inconnu. Avant d'écrire on ne sait rien de ce
qu'on va écrire. Et en toute lucidité » (1993 : 64). Et
même si on a tracé un plan, pourrions-nous
ajouter…

2.3.2 LA STRUCTURATION RÉDACTIONNELLE

Plusieurs écrivains détestent le carcan que
représente le plan, car pour eux écrire signifie découvrir. Ils raffolent du risque et n'hésitent pas à suivre
leur imagination là où elle les conduira. Curieusement, ces auteurs ne semblent pas être aux prises

avec l'angoisse de la page blanche ni craindre de voir leurs idées se tarir. Ils écrivent généralement avec fluidité et apprécient chaque ligne qu'ils voient naître sous leur plume. Tout au plus ressentiront-ils une certaine appréhension en début de séance de travail. Michèle Mailhot confiait à Jean Royer :

> J'ai toujours le vertige quand je me demande d'où vient l'écriture et où ira la phrase […]. Quand on commence un livre, on n'en sait pas la fin. C'est vertigineux de voir comment la matière s'organise malgré soi (Royer, 1999 : 107).

De Biasi, qui identifie Stendhal comme exemple type d'écrivain à structuration rédactionnelle, caractérise cette démarche d'écriture de la façon suivante :

> […] elle ne s'appuie sur aucun schéma écrit préalable, et va droit devant elle en commençant par une rédaction de « premier jet ». Le travail de rédaction se développe, à chaque session de travail en commençant souvent par la relecture et la révision de ce qui a été précédemment rédigé, selon une méthode qui, après une première rédaction complète, peut donner lieu à des réécritures globales, sous forme de « versions » successives de l'œuvre (2001 : 102).

Il est vrai que les écrivains improvisateurs s'attendent à devoir réécrire régulièrement en profondeur leur texte, puisqu'ils accueillent à tout moment de nouvelles idées structurantes (un personnage secondaire prend une importance capitale ; un changement de décor survient en cours de route ; l'événement décrit dans un chapitre antérieur n'est plus compatible avec la suite de l'histoire…). Fiers de leurs plus récentes trouvailles, ces écrivains n'hésitent pas à revoir leurs textes depuis le début et à supprimer les incohérences.

Privilégiant cette démarche intuitive, François Barcelo établit un parallèle avec le monde de la peinture.

> *Je fais en littérature l'équivalent de l'action painting en art. Appelez ça de l'écriture spontanée, si vous préférez. Travaillant sans plan, sans connaître mon sujet ni mes personnages, en partant souvent d'une simple phrase, j'écris de façon instinctive et désordonnée. Si j'utilise un narrateur, j'ignore, en écrivant les premières pages, s'il est beau ou laid, vieux ou jeune, homme ou femme. C'est à mesure qu'il se raconte par mon entremise, que je découvre sa personnalité, ses caractères physiques, son sexe. C'est en le regardant agir qu'il se révèle à mes yeux. C'est en décrivant ses actions que je le définis* (2001 : 40-41).

Il poursuit en brandissant les drapeaux de la liberté et de l'étonnement.

> *J'aime écrire de cette manière anarchique, car elle renforce encore mon sentiment de liberté. D'autant plus qu'il est amusant d'écrire sans connaître la suite, parce qu'on est le premier à être surpris par les rebondissements du récit* (2001 : 41).

Selon Prolonge, Vernes trouve d'abord le titre de la prochaine aventure de Bob Morane, puis il écrit les chapitres les uns après les autres sans savoir où tout cela va aboutir (2004). Aragon, Aymé, Boyle prétendent également ne jamais connaître la fin de leurs livres lorsqu'ils en entreprennent l'écriture.

Qu'on ne se leurre pas ! Au fil des mots, un plan, conscient ou inconscient, finit par jaillir et par imposer ses contraintes à l'écrivain.

2.3.3 ENTRE LES DEUX, MON CŒUR BALANCE

Dans cet univers en apparence binaire, des zones grises surgissent. Quelqu'un pourrait commencer un manuscrit sans plan, puis, à mi-chemin ou en fin de parcours, ressentir la nécessité d'en concevoir un. Satisfait des pistes qu'il a explorées jusque-là et voyant dorénavant le projet dans son ensemble, il pourrait organiser ses idées de façon à rendre le tout plus homogène.

L'inverse est également envisageable. Quelqu'un pourrait entreprendre la rédaction d'un texte à partir d'un plan très précis et s'en écarter en cours de route pour suivre le fil prometteur d'un événement imprévu. Un nouveau plan pourrait surgir ou non de cette exploration spontanée.

Highsmith insiste sur la flexibilité du plan :

> *Un scénario ne devrait jamais être quelque chose de rigide dans l'esprit de l'écrivain. Je pousserai même plus loin, je crois qu'un scénario ne devrait pas être achevé. Je dois penser à mon propre plaisir, et j'aime pour ma part l'inattendu* (1988 : 54).

Que l'on ait le profil architecte ou improvisateur, il faut bien évaluer la portée des décisions que l'on prend, car c'est la somme des phrases déjà écrites qui détermine la solidité de l'édifice que l'on est en train de construire. Ce serait une erreur de rejeter automatiquement les idées nouvelles qui surgissent en cours d'écriture, tout comme il serait désastreux de les accueillir toutes sans discernement. Il n'y a pas de bonne ni de mauvaise méthode, il n'y a que celle qui permet de terminer un manuscrit. Et rien n'empêche un auteur de procéder différemment d'un livre à l'autre. À lui de découvrir la démarche qui lui convient le mieux en fonction du projet qui l'habite, du temps qui lui est dévolu, de son expérience, de sa personnalité et de ses habitudes de travail. Il est intéressant de constater que l'on aborde généralement l'écriture de la même manière que l'on effectue certaines tâches quotidiennes, telles cuisiner, jardiner, travailler… « Connais-toi, toi-même ! » répétaient les Grecs anciens.

L'une des toutes premières décisions que doit prendre un écrivain, après avoir déterminé quel genre et sous-genre de récit il désire entreprendre (roman d'amour, d'aventures, d'espionnage ; roman érotique, fantastique, policier, psychologique ; livre pour les bébés, les jeunes, les adolescents ; biographie, autobiographie, histoire familiale, etc.), consiste à déterminer qui racontera son histoire, quel type de narrateur il mettra en scène. Les conséquences de ce choix sont capitales pour la suite de son projet d'écriture.

> L'auteur est une personne
> concrète, qui existe et qui a
> existé ; le narrateur est un rôle
> que l'auteur s'invente et qu'il
> joue, le temps de faire son récit,
> de raconter son histoire.
>
> Jean-Louis DUMORTIER et
> Francine PLAZANET,
> *Pour lire le récit.*

2.4 LE NARRATEUR

Même si l'histoire est écrite à la première personne du singulier, ce n'est jamais l'auteur qui « parle » dans une nouvelle, un conte ou un roman. Le rôle incombe plutôt au narrateur, qui s'avère non seulement une voix fictive, mais un masque plus ou moins opaque que l'auteur conçoit dans le but de raconter quelque chose, d'un certain point de vue.

En fait, les figures de l'auteur et du narrateur se superposent seulement dans le cas des autobiographies, des mémoires, des récits de voyage ou des journaux intimes. Et encore : qui peut certifier que l'auteur respecte le pacte autobiographique et dit toute la vérité, rien que la vérité ? Le découpage du récit, la sélection des événements, l'éclairage apporté orientent énormément la teneur des propos.

Dans l'autofiction, une tendance littéraire récente où le narrateur ressemble beaucoup à l'auteur, on mise sur cette contamination des rôles pour construire le texte. Dans *Putain*, de Nelly Arcand (2001), la narratrice est étudiante en lettres comme l'a été Nelly Arcand ; dans le cas de *Carnets de*

naufrage, de Guillaume Vigneault (2001), le narrateur, à l'exemple de l'auteur, travaille comme
barman. Cependant, même dans ces cas, on ne peut
affirmer avec certitude que le narrateur est l'auteur
et que l'auteur a réellement vécu tous les événements
qui sont relatés, puisque les textes restent identifiés
comme des récits ou des romans, donc des *fictions*, et
que l'auteur, par conséquent, a le droit de fabuler.

Dans la plupart des romans, cependant, la
confusion est impossible. Dans *La petite fille qui
aimait trop les allumettes* (1998), Gaétan Soucy emprunte la voix d'une petite fille qui raconte sa vie,
avec des mots et une conception d'enfant qui a toujours été coupée du monde. Il en va de même dans
Les fous de Bassan (Hébert, 1982), roman qui présente successivement cinq voix de papier différentes
qui narrent tour à tour une même période trou-
blante de l'histoire de la petite communauté de
Griffin Creek.

2.4.1 LES TYPES DE NARRATEUR

Du point de vue technique, deux grands choix
s'offrent à l'écrivain lorsque vient le temps de
déterminer qui sera le narrateur. Le narrateur sera-
t-il extérieur à l'histoire ou en sera-t-il l'un des
personnages?

Dans le premier cas, le texte sera écrit à la troisième personne du singulier (il/elle), et le narrateur,
tel un dieu, surplombera l'univers présenté : il aura
la possibilité de tout voir, de tout entendre et d'être
à plusieurs endroits différents en même temps et,
surtout, il aura le privilège d'entrer dans la tête des

personnages. En fait, il possédera une vision illi-mitée. C'est le narrateur omniscient, omnipotent et omniprésent (hétérodiégétique).

Dans le second cas, le texte est composé à la première personne du singulier (je) et le narrateur, un des personnages du récit, ne peut dévoiler que ce qu'il voit, entend et connaît. Il jouit d'une vision limitée. Si le personnage principal relate un épisode de sa propre histoire, on l'appelle narrateur-héros (ou narrateur autodiégétique). S'il s'agit d'un per-sonnage secondaire qui raconte les péripéties arri-vées à son frère, à sa mère, à un ami d'enfance, à son collègue ou à n'importe qui d'autre de son entou-rage, on le nomme narrateur-témoin (ou narrateur homodiégétique).

Bien qu'il ne fasse pas partie de l'histoire, parfois, on pourra concrètement sentir la présence du narrateur, et sa personnalité colorera le récit. Ce genre de narrateur peut être très discret et presque invisible ou, au contraire, très loquace. Tantôt il se permettra de suspendre l'intrigue un certain temps pour juger ou commenter les événements et les actes des personnages, tantôt il fera des digressions philo-sophiques ou didactiques, tantôt il laissera entrevoir les demi-teintes de l'avenir ou révélera la toile de fond du passé : « À cette époque-là, Marie ne savait pas qu'elle épouserait Paul, tout comme elle ignorait que son Paul chéri deviendrait si violent… ». Ainsi, la narration est-elle tributaire, en quelque sorte, de la vision du monde du narrateur (de fait, le narrateur, même s'il est invisible, pourrait être raciste, miso-gyne, philosophe, moralisateur, empathique, pessi-miste, railleur, etc.).

Le narrateur assume de nombreuses responsabilités. Il peut décrire les personnages, les lieux et les circonstances ; il peut rapidement résumer des sections d'histoire sur lesquelles il ne s'attardera pas ; faire passer le temps ; analyser les conséquences des agissements des protagonistes et l'évolution de leur vie intérieure ; commenter les événements suivant sa propre vision du monde ; réfléchir au sens de la vie ; introduire et rapporter les paroles et les pensées des personnages ; insister particulièrement sur certains détails… En somme, il organise le récit et conduit le lecteur dans les sentiers plus ou moins sinueux de l'intrigue selon sa conception de l'histoire. « On pourrait presque établir une "loi" : *changer de narrateur*, changer de point de vue de narration, c'est changer de réalité, *c'est changer d'histoire…* » (Vonarburg, 1986 : 42).

Un auteur peut aussi choisir d'aligner son narrateur omniscient sur l'un ou l'autre des personnages, comme dans *Rouge, mère et fils*, de Suzanne Jacob (2001). On parle alors de variation du point de vue de narration. Cet alignement peut se faire sur un seul protagoniste pendant tout le roman ou sur plusieurs en fonction des séquences narratives. Le narrateur omniscient peut aussi pénétrer dans les pensées d'un personnage le temps d'un psycho-récit ou d'un monologue narrativisé[3]. Il présente les événements au lecteur de l'intérieur d'un personnage, puis, au chapitre suivant, traque les méandres intérieurs d'un autre personnage ou

---

3. Voir à ce sujet la section « 2.7.4 Penser autrement ».

revient à une vision extérieure. Mais le récit, toujours, restera écrit à la troisième personne.

En revanche, un narrateur-héros et un narrateur-témoin n'offrent pas ces possibilités : Marie, qui raconte son propre échec amoureux au « je », ne peut accéder aux pensées de Paul (sauf si elle est télépathe) ; si Geneviève, la sœur de Marie, raconte l'histoire et qu'elle est chez elle, elle ne pourra relater les événements tragiques qui se passent dans le salon de Marie, sauf si Marie lui fait des confidences après coup. Il importe donc de respecter la compétence du narrateur retenu et d'éviter de changer de narrateur à tous les paragraphes ou, pire encore, au milieu d'un paragraphe !

Un auteur peut choisir de donner la parole successivement à plusieurs narrateurs. Dans ce cas précis, le pacte narratif doit être clairement indiqué, comme dans *Au-delà des visages*, d'André Giroux (1979). Chaque personnage assume alors tour à tour sa partie de roman, développant son point de vue, et le texte est écrit au « je ». Le plus souvent, les chapitres se succèdent au gré des changements de narrateur – ou alors des blancs typographiques particuliers suggèrent la coupure. Cette solution offre la possibilité de « raconter plusieurs fois le même événement pour en montrer les multiples faces » (Bourneuf et Ouellet, 1972 : 90). Toutefois, certains indices subtils, dans la narration même, caractériseront ces voix. Ton, vocabulaire employé, vision du monde, tics langagiers, obsessions et lubies, références culturelles, habillement, logement, moyen de transport… varieront selon l'âge, la personnalité et les valeurs du personnage en cause, et le lecteur sera ainsi amené à reconnaître l'unicité de chacune. Les variantes narratives doivent contribuer à l'avancement du récit ou présenter la réalité sous un autre angle et non répéter simplement, dans d'autres mots, les mêmes détails que l'une ou l'autre des versions précédentes, sinon on risque de faire décrocher le lecteur. Une façon simple d'y parvenir est de partager les informations capitales entre les différents narrateurs. Rien n'interdit non plus de s'amuser et de concevoir un narrateur menteur ; un deuxième, pessimiste ; un troisième, paranoïaque, etc. On peut ainsi présenter la même histoire sous plusieurs angles : les combinaisons sont infinies, et l'effet obtenu peut être aussi fascinant qu'un jeu de kaléidoscope.

Depuis Genette (1972), on différencie l'acte de narration du récit et de l'histoire : comme l'explique Gabrielle Gourdeau (1993 : VIII), demander à quelqu'un de raconter une histoire équivaut à dire « transforme (= acte de narration) dans une forme physique transmissible (= récit) une série d'événements assumés par des personnages dans un temps et un espace donnés (= histoire) ». Les critiques littéraires utilisent aussi les termes « diégèse » (univers de la fiction), « voix narrative » (pour déterminer « qui parle ») et « mode » (pour déterminer « qui perçoit »). En quelques mots simples : l'histoire, c'est le contenu ; le récit, le contenant qui peut prendre plusieurs formes (conte, nouvelle, roman) et le narrateur, c'est l'intermédiaire qui formule l'histoire.

Tout comme il existe un narrateur, il existe un narrataire, c'est-à-dire une personne à qui le narrateur s'adresse et qui n'est pas le lecteur. Ce peut être un personnage de l'histoire qui écoute ce qu'un autre raconte, ce peut être un lecteur idéal, imaginaire, fantasmé...

Il est arrivé que quelques auteurs écrivent à la deuxième personne. Cet exercice de style a permis, par exemple, à Michel Butor (1957), dans *La modification* (« vous »), et à Italo Calvino (1981), dans *Si par une nuit d'hiver un voyageur* (« tu »), de produire des œuvres assez remarquables. Le lecteur, un peu surpris de se faire interpeller de la sorte, a l'impression d'être un personnage du récit. Ce sont des cas extrêmes où le narrataire tend à se confondre avec le lecteur. Cette stratégie narrative demeure somme toute assez marginale.

Peu importe qui raconte l'histoire, la fiction se nourrit très souvent des émotions, des rêves, voire des souvenirs de l'auteur. Mais le pacte de la fiction autorise l'auteur à transposer, à transfigurer, à réinventer le réel.

> *Pour le roman, le vécu est un matériau neutre dont l'écrivain s'empare sans obligation, sans attache à la vraisemblance conventionnée. Lorsque le vécu entre dans le roman, il entre dans un autre temps où tout est encore à vivre, où rien n'a encore été vécu. Le roman va lui ouvrir cet espace où la vraisemblance, la vérité, la fidélité ne seront plus soumises qu'à l'éclairage que la langue lui donnera* (Jacob, 1997 : 44-45).

En réalité, l'écriture est la plus grande liberté qui existe, et les auteurs d'œuvres de fiction en profitent pleinement !

2.4.2 EFFETS PRODUITS ET RECHERCHÉS

Selon Goldenstein, la vision illimitée offre bien des avantages : « La narration s'ouvre à la profondeur psychologique, aux analyses fouillées, à la connaissance du cœur humain chère au roman français traditionnel. Inversement, cette technique est très artificielle » (1995 : 34). Avec un narrateur omniscient, tout est permis, mais de fréquentes interventions d'un narrateur vraiment très volubile risquent d'attirer l'attention sur le mécanisme de la fiction et d'amoindrir les effets de réel. Ce type de narrateur est pourtant très utile dans l'écriture d'un roman historique où visions panoramiques et sommaires s'avèrent indispensables.

De son côté, la vision limitée d'un narrateur-héros développerait la sympathie et l'empathie du lecteur : en accédant directement aux pensées et aux émotions du protagoniste, le lecteur aurait l'impression de pouvoir mieux comprendre le personnage. Dans certains cas, cela favoriserait l'identification ou, du moins, cela créerait une certaine connivence, à la condition, bien sûr, de respecter les critères de vraisemblance. Si le narrateur est un enfant, on calquera son verbiage un peu naïf et la fébrilité de son imagination enfantine jusque dans le rythme et dans le choix du vocabulaire. Il faut être crédible ! Si le narrateur est un animal, on essayera de voir la vie avec les yeux d'un chat ou d'un chien. Ce qui peut, du reste, devenir un défi très intéressant. Christiane Duchesne (1999), par exemple, dans *L'homme des silences*, a choisi de donner la parole à un noyé, et l'effet est très réussi !

La vision limitée d'un narrateur-témoin sert bien le roman policier, où certains détails gagnent à être laissés dans l'ombre (Watson, qui raconte les histoires de Sherlock Holmes). Dans un autre type de roman, toutefois, opter pour un narrateur-témoin peut parfois poser problème :

> *Le narrateur se trouvera-t-il sur les lieux de l'action chaque fois que quelque chose d'important arrivera ? […] Le narrateur-témoin peut participer à certains moments de l'action ; pour le reste, il en est réduit à supposer ce qui arrive au héros ou à rapporter ce que celui-ci a bien voulu lui révéler* (Goldenstein, 1995 : 37).

Ce narrateur-témoin a intérêt à susciter facilement les confidences ou à avoir accès à des documents (la correspondance ou le journal intime de son grand-père dont il raconte l'histoire, par exemple) ou alors, il doit s'avérer un inconditionnel curieux qui met la main sur des lettres, écoute aux portes ou possède une intuition du tonnerre qui l'amène là où il faut aux moments où il faut (ou alors, il est le fidèle assistant du détective et il le suit partout). On évitera autant que possible de faire reposer le déroulement de son histoire sur une série de hasards ou de coïncidences heureuses !

À cause de leur brièveté, la nouvelle et le conte se prêtent mal au jeu des narrateurs multiples. Cela convient beaucoup mieux au roman, où l'espace et le temps permettent de changer les regards sur une scène, de développer de nouveaux points de vue, de réinterpréter le réel. Cette course à relais singulière des narrateurs peut servir à relancer l'intrigue. Cependant, il n'est pas impensable de rédiger une série de nouvelles, dans le contexte d'un recueil conçu autour d'une unité narrative, thématique ou structurelle, où plusieurs narrateurs parleraient successivement d'un même moment qui les relie de près ou de loin.

Comment choisir son narrateur ? Souvent, il en surgit un spontanément sous la plume. On écrit quelques pages, puis on évalue l'effet obtenu. En cas de doute, on reprend le tout avec un autre narrateur et on compare. Rien de tel que la méthode d'essais et erreurs pour aboutir à la meilleure solution. Tout tient à la nature du projet, au degré de précision exigée par l'histoire et à la maturité de l'écrivain.

Il faut respecter la compétence du narrateur et les limites qu'elle impose. Si le narrateur-héros est un professeur, il peut relater ce qui se passe dans sa classe lorsqu'il est dans sa classe, et non ce qui se passe dans la classe d'un collègue ou dans le bureau du directeur.

Si on opte pour la vision limitée, on veillera à restreindre les passages descriptifs. Est-ce plausible qu'un narrateur qui raconte sa propre histoire décrive sans cesse son allure physique, les lieux qu'il fréquente ou ses propres gestes ? À qui décrit-il tout cela ? Il faut plutôt chercher à motiver l'information donnée au lecteur. Par exemple, au lieu d'écrire « J'ai un grand nez », on préférera « J'ai toujours détesté mon grand nez… »

Comme le soutient Vonarburg (1986 : 41), « c'est le narrateur qui produit l'essentiel des effets de réel, dans la fiction ». On doit donc se mettre dans la peau de son narrateur (ou plutôt dans sa tête) et tenter de trouver le ton juste et unique qui le caractérisera en fonction de son âge, de son milieu socioculturel, de sa personnalité.

Au-delà des considérations techniques, Nicole Brossard note que le choix d'un narrateur relève aussi d'une part inconsciente de soi-même, de ses passions, de ses pulsions.

> Ce sont les verbes qui structurent la pensée, mais c'est avec les pronoms que le cœur s'envole, se met à exister si fort qu'on ne craint plus pour soi. Jusqu'à il y a quelques années, j'ignorais comment les pronoms traduisent à notre insu les bouleversements et les engagements passionnels. Je ne savais pas pourquoi certains livres s'écrivent au je, d'autres à la troisième personne du singulier comme si on y était soi-même, d'autres avec un teint pâle de solitude et de miroir où le tutoiement mélancolique est de rigueur ; d'autres encore avec un nous ardent et turbulent. Ce n'est que beaucoup plus tard que j'ai compris qu'à certains moments, il faut faire avec un pronom plutôt qu'avec un autre, comme si l'énergie intérieure (le besoin, l'urgence, la peur, l'exubérance, le chagrin) élisait à notre insu le pronom qui donne à la voix sa juste mesure.
>
> Il est, bien sûr, possible de faire un choix de pronoms dans un but strictement stylistique mais normalement, un pronom l'emporte sur les autres et donne le ton, le bel élan qui fait d'un livre la cohérence (2004 : 71-72).

Une fois que l'on a décidé qui va raconter l'histoire, il faut prendre ses pinceaux d'artiste et commencer à dessiner ses personnages.

Ce que j'ai découvert de plus
important, c'est que la perception qu'a l'auteur de ses personnages, au départ, peut être aussi
erronée que celle du lecteur…

Stephen KING,
Écriture. Mémoire d'un métier.

2.5 COMMENT CONSTRUIRE UN PERSONNAGE ?

En ouvrant un livre de fiction, le lecteur s'attend
à faire la rencontre de plusieurs personnages. L'auteur procède d'abord à leur présentation, afin que le
lecteur puisse les reconnaître et les apprivoiser, puis
il lui fait découvrir des traits plus sombres ou plus
cachés de leur personnalité à mesure que l'intrigue
avance. L'auteur doit donc apprendre à ordonner les
révélations qui concernent ses personnages en mesu-
rant judicieusement les effets, en jonglant avec les
zones d'ombre et de lumière. Il aura quelques personnages principaux et un bon nombre de personnages secondaires (voire éphémères).

2.5.1 DE LA CHAIR SUR LES OS…

Les procédés de caractérisation des personnages
sont multiples. Sans prétendre en faire une liste exhaustive, nous rappelons les plus importants. En tête
de liste apparaît le nom. Dans le monde de la fiction,
rien n'est gratuit, surtout pas le nom des personnages. Ce détail, qui peut sembler arbitraire de prime
abord, livre déjà des indices sur l'âge, la classe sociale

ou la nationalité du protagoniste, en plus de receler
parfois de subtiles connotations (le prénom d'Emma
Bovary ne cache-t-il pas déjà son destin : aima ?). Et
c'est souvent le premier contact du lecteur avec le
personnage et parfois même de l'auteur…

> *J'ai toujours senti que les noms sont essentiels pour
> créer une atmosphère de vraisemblance. Tant que
> je ne réussis pas à trouver, pour un personnage, un
> nom qui lui convienne, j'ai de la difficulté à voir
> comment il se comporte, à savoir ce qui va lui
> arriver* (Pelletier, 2002 : 173).

Aux yeux de Faly Stachak, baptiser un personnage équivaut à le mettre au monde.

> *Mais ce qui lui donne immédiatement naissance,
> c'est son nom, qui, d'une certaine façon, organise
> le texte. Ainsi, selon les effets romanesques voulus,
> le personnage peut ne pas avoir de nom et être
> simplement désigné, comme celui de* La métamor-
> phose *de Kafka, d'une lettre, K. Ou bien encore, il
> peut juste être nommé par sa fonction ou sa
> description : le soldat, la fille en bleu, la serveuse…
> Il peut aussi avoir plusieurs noms, de même qu'un
> même nom peut désigner plusieurs personnages*
> (2004 : 290).

Les possibilités sont plus nombreuses qu'on ne
l'imaginait au départ…

Il y a aussi tout ce qui appartient aux plans physique (le corps, le sexe, l'âge, les traits particuliers, les
tics, les vêtements, etc.) et psychologique (les qualités, les défauts, les pensées, les sentiments, les
désirs, les passions, les rêves, les valeurs, le caractère,
etc.). Surviennent ensuite les informations se rap-
portant à l'histoire personnelle (naissance, famille,

éducation, langage, souvenirs, orientation sexuelle, objets chéris, etc.) ainsi qu'à la vie sociale (statut marital, métier, milieu, etc.) et quotidienne (nourriture, animaux de compagnie, goûts, passe-temps, etc.). Tout ce qui relève du domaine du « faire » est également significatif (actions posées, endroits fréquentés, moyens de transport utilisés, épreuves à surmonter, etc.). L'espace social dans lequel le personnage évolue, les gens qui gravitent autour de lui (amis, ennemis, enfants, etc.), les conversations avec les autres personnages sont autant d'occasions d'en connaître un peu plus sur la « réalité » du personnage. Voilà donc divers attributs, sur lesquels on peut insister, dans l'ordre ou le désordre, qui contribueront à enrober le squelette de papier du personnage et à lui donner une illusion de vie.

Si l'on s'engage dans une fresque historique ou une saga quelconque, il peut devenir assez difficile de se dépêtrer avec tous ses personnages. Alain Absire propose une méthode élémentaire mais efficace pour s'y retrouver.

> Pour mon roman actuel qui contient près de soixante-dix personnages, j'ai un classeur avec des fiches détachables sur lesquelles je retrouve la description physique de chacun de ces personnages, ses occupations, son « état civil », l'endroit où il vit, etc. Ainsi je ne commets pas d'erreur : quand je reviens vers tel ou tel de ces personnages, je prends sa fiche et je vois tout de suite où j'en suis (Rollin, 1986 : 20).

Seuls les personnages principaux sont décrits en profondeur. On n'indique souvent, des personnages secondaires, que le minimum à connaître. La façon de faire passer l'information varie. On peut y aller au compte-gouttes, tranquillement au fil des pages ou condenser le tout en un ou quelques paragraphes. Tout est question de doigté, d'intelligence et de finesse. On doit aussi garder à l'esprit que les lieux reflètent souvent les états d'âme du personnage !

Certaines particularités en apparence anodines aident donc l'auteur à révéler le protagoniste par la bande. Toutefois, bâtir un personnage, c'est d'abord consentir à être envahi par un double qui envoûte l'auteur au point qu'il souhaite raconter son histoire et cohabiter avec lui le temps de quelques pages, quelques chapitres ou plusieurs tomes.

Gaétan Soucy évoque le caractère troublant de la relation personnages-auteur.

> *Tous mes personnages ont leur voix propre. Quand on écrit, il faut d'ailleurs respecter la voix de cha-cun. C'est peut-être ainsi que je puis le mieux expliquer les différences stylistiques, les tonalités distinctes qui commandent à mes trois livres. [...] Dire qu'on est sous l'emprise de la voix d'un personnage apparaît aussi comme le contraire de la liberté créatrice. Or – et tout le paradoxe est là –, je me sentais extrêmement libre par rapport à l'écriture* (Bordeleau, 2000 : 15).

Pour écrire *L'ombre de l'épervier*, Audet (1988a) assure avoir laissé toute la place et la liberté voulue à ses personnages.

> *[...] les personnages m'ont habité tout au cours de mes recherches sur l'histoire de la Gaspésie, avant que j'aie écrit une seule ligne. Puis je les ai lâchés dans l'histoire que je voulais raconter. Ils s'en sont emparés, ils l'ont écrite à leur guise, parce que*

> *j'étais tenu de respecter leur tempérament, leur*
> *désir de vivre, le désir inscrit au plus profond de*
> *chacune de leur personnalité. Dans d'autres cas, il*
> *faut écrire pour que les personnages se mettent à*
> *exister, qu'ils se définissent lentement jusqu'à*
> *devenir ce qu'ils sont* (2002 : 36-37).

On a déjà vu[4] que l'entourage immédiat de l'écrivain sert souvent à stimuler son imagination. Gourdeau, elle, n'hésite pas à élargir son rayon d'action :

> *J'épie les conversations dans les endroits publics (ce*
> *n'est pas très poli, mais à la guerre comme à la*
> *guerre) : restos, bancs de parcs, autobus, soirées,*
> *c'est là que je trouve beaucoup de mes personnages*
> *types* (2001 : 40).

Puis elle précise comment elle parvient à s'imprégner de ses personnages.

> [...] *il me sera nécessaire, pour bien sentir le*
> *désarroi, la peine, la rage, la révolte de mes*
> *personnages-victimes, d'avoir recours à une forte*
> *dose d'empathie (vision de l'intérieur), qualité*
> *sans laquelle, d'après moi, tout(e) prétendant(e) à*
> *l'écriture de fiction ne saurait parvenir à rendre*
> *crédible ce genre de personnage. J'appelle cette*
> *faculté de me mettre dans la peau de mes*
> *personnages-victimes ma « schizophrénie aucto-*
> *riale »* (2001 : 46-47).

Au stade du premier jet, il convient de permettre au héros de prendre les rênes. L'auteur doit se laisser surprendre et suivre le personnage dans ses pérégrinations sans pour autant délaisser son droit

---

4. Sous la section « 2.1.2 Des secrets de famille… ».

de *veto*, ni laisser ses protagonistes lui échapper. Qui
est le maître : l'écrivain ou le personnage ? Alterna-
tivement l'un et l'autre, et ni l'un ni l'autre. Le véritable maître du jeu, c'est plutôt cette part de l'écrivain
que l'on pourrait nommer le relecteur ou le réécri-
vain : une fois le premier jet terminé, l'auteur
deviendra son premier lecteur et devra juger des
effets obtenus. Cohérence, vraisemblance et sens de
l'autocritique sont les mots d'ordre.

2.5.2 À QUOI SERT LE PERSONNAGE ?

La principale fonction du personnage consiste à
accrocher le lecteur au récit. En effet, l'écrivain souhaite que le lecteur s'attache tellement au personnage qu'il se soucie de tout ce qui lui arrive. Le
personnage cristallise en fait les questions et les
attentes du lecteur. C'est souvent le pivot sur lequel
repose l'intrigue. Gaëtan Brulotte considère, à juste
titre, les personnages comme des « porteurs de
conscience et d'émotions » (2003 : 142).

Si, en théorie, on définit le personnage comme
un « être de papier » (Goldenstein, 1995 : 44), une
créature imaginaire, dotée de caractéristiques physiques, psychologiques et sociales, voire d'un « ego
expérimental » (Kundera, 1986 : 45) qu'on invente
pour comprendre une possibilité du moi humain, en
pratique, le lecteur doit avoir l'impression qu'il s'agit
d'une personne réelle. Il doit pouvoir croire à son
existence, et ce, jusqu'à la dernière ligne de la nouvelle ou jusqu'à l'ultime page du roman. Ainsi, l'auteur ne doit jamais perdre de vue que son personnage est une construction, c'est-à-dire une série de

choix interdépendants (liés aux procédés de caractérisation) qui visent à produire certains effets (l'illusion réaliste et l'effet-personnage) (Jouve, 1992) sur
le lecteur – lequel contribue à son tour à créer le
personnage. Rappelons que le personnage tient aussi
du fantasme et du mythe personnel (Mauron, 1962 ;
Freud, 1976 ; Jung, 1988).

Certaines approches théoriques formalistes
(Greimas, 1966 ; Propp, 1970) insistent davantage
sur le « faire » du personnage plutôt que sur
l'« être ». Le personnage se définit alors par rapport à
ses fonctions ou par rapport au rôle qu'il joue dans
l'histoire.

2.5.3 DE QUELQUES ÉCUEILS À ÉVITER

La solution de facilité consiste à décrire le personnage en utilisant un verbe « être » dûment
accompagné d'un adjectif attribut (« Elle était
triste. »). Il vaut mieux éviter ce genre d'affirmations
peu évocatrices. Le défi consiste à suggérer l'émotion, à montrer le trait physique particulier ou à faire
ressentir l'état psychique du personnage à l'aide de
descriptions d'actions significatives, de retours en
arrière judicieusement amenés, de monologues intérieurs qui nous font pénétrer au cœur des pensées du
personnage.

Ainsi, on peut décrire les tics involontaires ou
les agissements maladroits d'un personnage « ner-
veux », la rougeur de son visage ou les autres mani-
festations physiques provoquées par cet état, et l'effet
sera beaucoup plus efficace que de simplement affirmer : « Ce jour-là, elle était nerveuse. » Le lecteur

doit ressentir les émotions et les sentiments du personnage ; il doit être en mesure d'imaginer la scène et de la vivre avec les personnages. En général, une action introduite au bon moment frappe davantage l'imagination du lecteur qu'un long paragraphe descriptif ou qu'une accumulation d'affirmations. Tisseyre écrit que, « pour qu'un personnage soit vivant, il faut que le lecteur, quand il l'évoque, le voie en action dans un épisode du livre ou qu'il l'entende exprimer un sentiment enregistré au moment de la lecture » (1993 : 64).

Se cantonner dans les allures et les comportements stéréotypés (jeune homme grand, blond, riche et intelligent ; vieil homme bossu, pauvre et méchant…) comporte un grave risque : perdre l'intérêt du lecteur qui, dès le départ, trouvera l'intrigue et les personnages « convenus ». Encore faut-il que l'auteur connaisse bien le public auquel il s'adresse ! Les adeptes du roman populaire, par exemple, préfèrent progresser en terrain connu. La façon de décrire varie selon le genre littéraire, la longueur du texte et les attentes du lecteur.

On n'en démord pas, « l'approche immédiate et intuitive de la fiction se fonde encore de nos jours sur le personnage, dont la popularité a résisté à toutes les tentatives de déconstruction » (Glaudes et Reuter, 1998 : 3). Que l'on écrive un roman ou une nouvelle, le personnage demeure l'un des éléments les plus importants de l'histoire.

Parce qu'il partage de nombreuses similitudes avec la description des lieux, l'art du portrait a été traité dans « Et le décor, lui ? ».

L'écrivain ne s'improvise pas
copiste d'un paysage, il le
réinvente.

Christiane LAHAIE
« L'écriture nouvellière et la
(non) représentation du lieu ».

2.6 ET LE DÉCOR, LUI ?

Héritière d'une longue tradition rhétorique, la description reste aujourd'hui un outil précieux pour présenter le lieu et l'époque où se déroule l'histoire et faire connaître les personnages. Décrire, c'est représenter le monde ou une partie du monde mais, aussi et surtout, décider de nommer, de dénombrer, de dépeindre certains éléments et de taire tous les autres. Le lecteur, attentif aux détails importants, imagine les paysages, les protagonistes, les endroits…

Le modèle de description mis en place au XIXe siècle se fondait sur l'idée de « reproduction du réel » (Reuter, 2000 : 16). En vérité, l'écrivain ne peut viser qu'un effet de réel. Même si certains programmes scolaires et manuels d'écriture insistent encore sur la justesse et la fidélité de la description, décrire n'est pas copier.

La description propose plutôt un point de vue sur l'objet décrit, elle rend compte de l'objet d'une certaine manière et, fatalement, cette proposition descriptive sera dénaturée par la représentation personnelle du lecteur, qui « à l'autre bout de la chaîne, se forge à partir des mots infidèles qui lui sont donnés sa propre image déformée de l'objet »

(Tauveron, 1999 : 20). En somme, il est plus important d'esquisser et de suggérer que de décrire !

2.6.1 EFFETS DESCRIPTIFS

Toute description (de lieux, d'objets, d'atmosphères, de gestes, de personnages, etc.) renseigne le lecteur sur l'humeur, l'état d'âme ou le caractère des personnages dont il est question et est potentiellement porteuse d'une charge symbolique. La description ne doit surtout pas devenir une nomenclature de détails inutiles. L'objectif n'est pas de passer de l'information à tout prix – même si la recherche de cette information a nécessité de nombreuses heures de travail – mais de révéler la psychologie du narrateur ou du personnage par la bande, par la vision du monde qu'il met en scène. Ainsi, un chat malade vu par les yeux de l'enfant qui l'a trouvé ou ceux du vétérinaire qui l'examine sera décrit d'une façon tout à fait différente.

L'effet dominant de la description est sans contredit de faire voir. Cependant, un écrivain ne doit pas se limiter au seul sens de la vue. Il doit aussi faire sentir, toucher, entendre et goûter. Les appels aux sens contribuent à créer l'effet de réel recherché. On ne soulignera jamais assez l'importance de recourir à des verbes d'action expressifs (distinguer, effleurer, humer, résonner, saliver, etc.), plutôt qu'à des verbes d'état (demeurer, être, paraître, rester, sembler, etc.), pour aboutir à une description vivante et animée.

Le risque subsiste qu'une description trop longue ou trop précise déréalise l'objet que l'on souhaite décrire. N'en déplaise aux fervents amateurs du naturalisme, la « force de l'effet descriptif n'est pas nécessairement liée à la longueur ou à la fréquence des extraits mais à la pertinence des notations, à leur reconstruction par le lecteur et aux échos qu'ils suscitent chez lui » (Reuter, 2000 : 26). Paradoxalement il faut décrire avec précision tout en employant le moins de mots possibles et choisir les termes les plus justes ou les images les plus évocatrices. Tout est une question de dosage et de sélection de mots (notamment en ce qui a trait aux adjectifs qualificatifs).

Les théoriciens s'entendent pour dire que la description équivaut à un ralentissement, à une interruption du récit (Petitjean, 1987 ; Adam, 1993 ; Hamon, 1993 ; Reuter 2000). Elle implique toujours une espèce de retard de l'intrigue et privilégie les personnages immobiles (accoudés, allongés, assis) qui fixent un panorama, un objet ou des personnages en mouvement (marcheur, touriste, visiteur, etc.) qui passent en revue un décor (boulevard, classe, forêt, plage, salle d'attente, etc.). On paralyse l'histoire, le temps de prendre une pause : on arrête de raconter et on montre quelque chose ou quelqu'un.

Certains genres littéraires ou certaines esthétiques obligent l'écrivain à être plus ou moins descriptif. Dans la nouvelle, par exemple, la brièveté de forme et de contenu commande l'ellipse, l'évocation et la suggestion ; dans le roman, la description joue un rôle plus substantiel (fragments, notations, paragraphes entiers, etc.) et en influence le rythme. Dans un texte de science-fiction, la description se révèle indispensable puisque le lecteur ne partage plus aucune référence implicite. Quoi qu'il en soit, André

Petitjean (1987 : 71) affirme que le récit ne peut se passer de la description : c'est d'elle qu'il tire son pouvoir hallucinatoire et sa prétention à imiter le réel.

2.6.2 PARLONS TECHNIQUE ET COHÉRENCE

À la base, la description s'organise autour d'un thème auquel se rattachent des sous-thèmes ou, dit autrement, autour d'un tout (objet dans sa totalité) et de ses aspects (parties qui composent l'objet à décrire).

> Exemple : *thème = violoncelle ;*
> *sous-thèmes = la touche, le chevalet, les cordes, etc.*

On y adjoint évidemment des prédicats (ce qui, dans un énoncé, est affirmé à propos du thème) qualificatifs et verbaux.

> Exemples : *un chat… agressif, charmeur, enjoué ;*
> *un chat qui… cabriole, feule, ronronne ;*
> *une voiture… aérodynamique, déglinguée, rutilante ;*
> *une voiture qui… crache, gronde, s'élance.*

Chacun de ces prédicats donne une vision particulière du véhicule ou de l'animal que l'on veut décrire (la voiture déglinguée ne se compare pas du tout à la voiture aérodynamique). Un seul mot peut modifier complètement l'allure du bolide ou le caractère du félin. Il ne s'agit pas d'accumuler les prédicats, mais d'opter pour celui qui convient le mieux !

Les auteurs développent généralement leurs descriptions dans une « perspective chronologique [...] ou spatiale grâce à des adverbes à valeur temporelle (d'abord, ensuite...) ou à des localisateurs spatiaux (à gauche, en haut...) » (Petitjean, 1987 : 73). À droite, à l'horizon, après, au-dessous, au-dessus, au loin, avant, derrière, devant, en arrière, en avant, en dessous, en dessus, enfin, ici, là-bas, puis... constituent des termes utiles lorsqu'on décrit longuement un décor ou un paysage. C'est que l'écriture, même si elle cherche à rendre compte d'un paysage ou d'un décor qui se présente dans une simultanéité globale, repose sur une organisation syntaxique linéaire et successive, contrairement à l'image photographique, télévisuelle ou cinématographique. Ce qui n'empêche pas que, aujourd'hui, comme le fait remarquer Stachak, « le style de la description est très influencé par la photographie et le cinéma. On capte et on fixe une ambiance, une silhouette, une couleur, un geste et tout prend sens, mouvement, comme derrière une caméra » (2004 : 296).

Selon Hamon (1993), trois procédés permettraient d'introduire une description de façon logique et naturelle :

1) placer un personnage en posture de voir quelque chose ;

   Exemple : chambre d'hôtel avec vue plongeante sur la plage

2) mettre en scène un personnage en mesure de parler de la chose à décrire ;

Exemple : un plombier qui explique le fonctionnement d'un chauffe-eau

3) montrer un personnage qui agit lui-même sur l'objet à décrire.

Exemple : policier qui passe en revue son équipement

Évidemment, ces trois procédés peuvent se combiner, s'imbriquer, se cumuler dans un même passage à dominante descriptive.

Hamon recense aussi quatre marques d'introduction d'une description :

1) les milieux transparents (fenêtres, portes ouvertes, lumières crues, soleil qui éclaire une pièce d'une façon particulière, larges panoramas, miroirs, etc.), qui « découpent » et « cadrent » les spectacles contemplés ;

2) les personnages types, comme le photographe, le peintre, le badaud, le témoin, l'espion, la commère, l'intrus, l'expert, soit tout personnage qui détient une certaine connaissance de (ou démontre un certain intérêt pour) l'objet, la scène à décrire ;

3) les scènes types basées sur les déplacements de personnages, sur les changements de temps et de lieux (l'arrivée en avance à un rendez-vous, l'attente, la visite d'un appartement, l'aménagement d'un décor,

l'accoudement à une fenêtre, l'ouverture d'une porte, etc.) ;

4) les motivations psychologiques, telles que la distraction, la curiosité, la fascination, l'avidité de comprendre.

Les gestes comme fermer une fenêtre, la lumière ou une porte et quitter une pièce ou des gens servent corollairement de marques pour clore une description. Reuter (2000) constate toutefois qu'aucun fragment textuel n'est pur et qu'il demeure difficile d'identifier clairement le début et la fin d'une séquence descriptive. Il préfère parler de passages à dominante narrative ou descriptive.

Dans le travail de réécriture, une attention particulière doit être portée à la logique descriptive. Dans tous les cas, il faut respecter la compétence du personnage et ne pas le placer dans des situations incohérentes. Dans un bouchon de circulation, le narrateur au « je » peut décrire son voisin en train de s'endormir au volant ou sa voisine en train de vérifier dans le rétroviseur si son mascara coule ; mais s'il roule à 130 kilomètres/heure sur l'autoroute, il n'est pas logique d'arrêter le récit pour décrire ce genre de détails. La description est tributaire de l'œil du personnage qui la prend en charge (Hamon, 1993).

En fait, comme le souligne Marie-Christine Vinson (1987), trois questions importantes doivent être posées avant de se mettre à décrire : 1) qui voit ? 2) d'où voit-il ? et 3) que peut-il voir ?

Afin de décrire ce qui n'est pas concret (des émotions, des idées, des sentiments, etc.), l'écrivain puise habituellement dans la panoplie de figures de style et a souvent recours à l'anthropomorphisme. Antithèses, comparaisons, métaphores, métonymies et synonymes constituent des outils indispensables pour qui veut décrire l'inexprimable (un animal que l'on n'a jamais vu, une pensée saisissante). La prétérition, de son côté, consiste à annoncer qu'une chose est indescriptible (parce qu'elle est anormale, effrayante, excessive, inconnue ou nouvelle), mais à se mettre aussitôt à essayer de la décrire. Enfin, faire varier les points de vue sur un même objet peut se révéler une technique descriptive audacieuse et efficace.

2.6.3 UN AIR DE FAMILLE : LE PORTRAIT !

Le portrait est un cas particulier de description. Il fonctionne à l'aide des procédés précédemment décrits, mais la description se concentre alors sur un personnage. Elle peut être donnée d'un seul coup ou de façon fragmentaire mais continue. Le portrait moral analyse les sentiments, les habitudes, les goûts, les défauts, les idées, les qualités… d'un personnage, tandis que le portrait physique représente sa physionomie, ses traits, sa voix, sa démarche, ses gestes, sa façon de se vêtir, son physique, son allure… Notons que les trois éléments physiques les plus caractéristiques d'une personne sont le visage, les yeux, la voix (la bouche si on cherche plus de sensualité). On peut donc définir le portrait comme étant la description tant morale (psychologique) que physique d'un être

animé, réel ou fictif. On conviendra que les notations matérielles ou physiques ne sont dignes
d'intérêt que parce qu'elles renvoient au moral et au
psychologique (une correspondance se tisse entre les
deux). Voilà pourquoi il arrive que la description
physique d'un personnage rende davantage compte
de son aspect psychologique qu'un portrait moral !

Parmi les qualités du portrait, on souligne
d'abord l'unité d'impression ou la convergence.
Tous les détails retenus développent un trait dominant du personnage, afin qu'il se dégage de l'ensemble une impression unique. Il est donc primordial de
bien identifier ce trait caractéristique (arrogance,
bonté, force, laideur, etc.) et d'insister habilement
sur les éléments qui corroborent ce trait. Si on veut
mettre en scène un personnage plus complexe, rien
n'empêche de lui attribuer un second trait détermi-
nant… On s'intéresse par la suite à la vérité, soit au
caractère réel ou vraisemblable des détails énoncés.
Vient enfin la vivacité. Il faut animer son personnage : le faire parler, vivre, bouger, lui faire éprouver
des sentiments, le placer dans des situations qui révé-
leront son caractère.

En ce qui a trait au style, on privilégiera la
phrase courte et incisive (mordante, tranchante). On
suggérera un trait de caractère, un défaut à travers
des attitudes, des comportements, des gestes. En
général, on situe rapidement le personnage dans une
phrase d'introduction. On le nomme (nom, prénom, surnom), on indique son âge, on décrit son
environnement (lieu de résidence) et on dégage une
impression générale. La difficulté consiste à dénicher
un ou plusieurs éléments susceptibles d'intéresser le

lecteur, de l'intriguer. Si le début doit être vivant [« Le visage était sympathique, malgré la perte de toutes ses dents […] » (Giono, 1968 : 57)], la finale devrait être forte, inusitée, surprenante.

Comme l'indique Highsmith, le contre-emploi lieux/personnages peut aussi se révéler créatif.

> *Le décor aura une influence déterminante sur le genre de personnages que vous choisirez. Mais l'utilisation d'un personnage inhabituel dans ce genre de cadre, d'une personne que l'on ne s'atten-dait pas à trouver dans un tel environnement, pourrait apporter un plus à votre histoire* (1988 : 49-50).

Selon les époques et les modes littéraires, la description a tantôt été mal aimée et accusée de multiples maux (accessoire, anarchique, imparfaite, peu fonctionnelle, secondaire, trop didactique, etc.) (Adam, 1993), et tantôt, elle a été très valorisée (notamment par les romanciers naturalistes du XIXᵉ siècle et les adeptes du Nouveau Roman). Pierre Madiot (1999 : 26) aimerait bien qu'on redonne à la description ses lettres de noblesse : « Et si les descrip-tions n'étaient pas ces passages ennuyeux que l'on saute allègrement. Et si écrire des descriptions était une bonne école pour faire émerger une sensibilité, une créativité, un sujet… » Puisque l'écrivain peut difficilement faire l'économie du descriptif, pour-quoi n'essaierait-il pas d'en tirer profit ?

Raconter et décrire ne sont pas tout. Il faut aussi mettre des paroles dans la bouche des personnages…

> Lorsqu'on tombe sur un dialo-
> gue dans les premières pages
> d'un roman, on sait tout de
> suite si on est en face d'un véri-
> table auteur ou si l'on va perdre
> son temps à lire plus avant.
>
> Pierre TISSEYRE,
> *L'art d'écrire.*

2.7 LES DIALOGUES

Un dialogue est constitué d'un ensemble de paroles échangées entre deux ou plusieurs person-nages. Selon Vinson (1990), trois raisons justifient le fait qu'un personnage prenne la parole : il a besoin d'information (pour combler son ignorance) ; il est porteur d'une nouvelle qu'il doit communiquer ; il décrit aux autres ce qu'il voit, ce qu'il pense ou ce qu'il projette de faire. Or le dialogue regorge aussi d'indices pour le lecteur. On y précise l'espace, le temps, les événements et on y dévoile la vérité du personnage et la logique de ses sentiments. Les per-sonnages se font vraiment connaître à travers leurs répliques, qui deviennent révélatrices de leur individualité.

Le texte respire aussi grâce au dialogue, qui lui donne un rythme singulier. L'alternance entre les passages narrés et cités crée une dynamique parti-culière, qui a pour effet de précipiter ou de ralentir le récit.

> *La présence d'un court dialogue dans une page de*
> *livre est plaisante non seulement à l'œil mais aussi*
> *à l'esprit. On passe du statique à l'actif, le tempo*

*s'accélère, le murmure trop souvent monotone de
l'auteur fait place à des voix claires, différentes,
variées et surtout vivantes* (Tisseyre, 1993 : 94).

2.7.1 DE QUELQUES REMARQUES STYLISTIQUES

Le dialogue, s'il s'inspire de la langue parlée,
n'en est pas pour autant un calque, car, à l'écrit, les
marques de l'oralité (hésitations, incohérences,
redondances, etc.) irritent au plus haut point le
lecteur. Tout au plus l'auteur mise-t-il sur certains
procédés qui conservent un sens à l'écrit : erreurs de
conjugaison [« Je m'avais trompé de chemin. »],
phrases suspensives, très brèves [« Je crois que… »],
propositions elliptiques [« Qu'est-ce que tu veux
faire ? — Manger ! »]. Le dialogue sera ainsi constitué de phrases courtes, haletantes, coupées. Il sera
marqué du sceau de la spontanéité, du fouettant et
de l'imprévu de la réplique, d'une élégance concise et
entraînante. La concision se révèle indéniablement
l'une des plus grandes vertus du dialogue (surtout ne
pas tomber dans le piège de l'écriture didactique ap-
puyée, c'est-à-dire étaler son savoir sans faire avancer le récit d'un iota).

Certains professeurs suggèrent à leurs étudiants
d'écrire d'un premier jet toutes les répliques d'un
dialogue et, ensuite, de le réviser comme s'ils de-
vaient faire le montage d'un film (couper, préciser,
resserrer).

Vraisemblance, voilà le mot clé. Un écrivain ne
parlera pas comme un motard incarcéré ! D'abord la
langue elle-même (anglais, français, joual, etc.), le
niveau de langue, les patois, les tics langagiers,

l'accent, les régionalismes, les tournures de phrases et le vocabulaire choisis permettent de révéler le caractère, les sentiments, l'intelligence, l'éducation ou la nationalité d'un personnage. Puis lieu, circonstances, sujet de conversation, type d'interlocuteur, âge et milieu socioéconomique des personnages influencent inévitablement le ton du dialogue et le vocabulaire utilisé. Ainsi, un médecin ne parlera pas tout à fait de la même façon s'il doit témoigner dans un procès célèbre et s'il se dispute avec son ex-épouse après avoir bu un verre de trop.

Fournier demeure tout de même attentif aux conversations qui se déroulent autour de lui : « Plus on écoute parler les gens, plus on constate que le « parler » d'une personne lui est aussi personnel que ses empreintes digitales. Un auteur doit constamment exercer sa mémoire auditive et… prendre des notes quand il a peur d'oublier » (2003 : 171-172).

Dans le cas d'un scénario (film, téléroman, etc.), pour reproduire « l'oralité », on peut défaire (au besoin) la syntaxe normale de la phrase, plutôt que de modifier l'orthographe des mots. Il faut alors retravailler le texte en jouant avec les synonymes et la langue familière afin de choisir les mots qui conviennent le mieux au caractère oral du texte (« Fais tes valises. Je veux plus te voir la face », suppression du deuxième élément de la négation et utilisation de « face » au lieu de « visage »). La juxtaposition (relier dans une phrase complexe deux propositions indépendantes grâce à la ponctuation adéquate) est aussi nettement plus fréquente que la subordination (relier dans une phrase complexe deux propositions dont l'une dépend étroitement de l'autre par l'inter-

médiaire d'un mot de subordination tel que « puisque », « si », « que », etc.), dont ne subsiste à peu
près que la proposition relative (introduite généralement par « qui », « que », « quoi », « dont », « où »
et les variantes de « lequel »).

Pour donner l'illusion de la réalité, le dialogue
doit en principe être écrit dans un style différent de
celui de la narration ou du récit. De plus, un dialogue ne répète jamais les informations que la narration révèle déjà. On prend garde aussi à ne pas introduire une réplique en utilisant un ou plusieurs mots
de cette réplique.

Deux autres dangers guettent l'auteur novice en
matière de dialogue : d'une part, la multiplication
des formules de politesse (les bonjour, oui, merci, à
demain…) et des répliques creuses, vides d'intérêt et
de sens ; d'autre part, l'utilisation de clichés et de
lieux communs.

Les répliques doivent sonner juste dans la bouche des personnages. Par expérience, nous pouvons
affirmer que le manque de vivacité des répliques est
souvent leur principale faiblesse, comme si l'auteur
avait du mal à se placer dans le peau du lecteur et à
choisir les répliques essentielles au propos et à la
compréhension de l'histoire, tout en projetant une
élégance que le lecteur, pressé de lire, ne peut surpas-
ser sur-le-champ dans son acte de lecture.

Dans un roman ou dans une nouvelle, un dialogue qui arrive lors d'un moment très intense (confi-
dence, dispute, révélation, etc.) a plus d'effet s'il est
isolé et crée un rebondissement que s'il est dilué dans
un entretien trop long ou s'il succède à une série
d'autres dialogues sur la pluie et le beau temps.

Lors du processus de réécriture des textes, un dilemme presque cornélien surgit à chaque paragraphe : ce passage fonctionnerait-il mieux s'il était écrit sous forme dialogique que narrative (et vice versa) ? Et c'est une question de rythme aussi ! Tout peut être dit sous une forme ou sous une autre. Sauf que, au fur et à mesure que le texte se construit, les possibilités se réduisent peu à peu, le contexte et les choix précédents ayant une influence indiscutable sur la suite du récit.

Ajoutons qu'un dialogue peut se terminer par une question à laquelle le personnage visé ne répond pas directement. Le narrateur peut le faire pour lui ou tout simplement l'évincer par une pirouette quelconque.

2.7.2 L'INCISE INCISIVE

L'un des principaux enjeux du dialogue consiste à faire comprendre rapidement au lecteur qui parle. Entre deux personnages, cela ne pose pas trop de problèmes, surtout s'ils sont de sexe opposé (il, elle) et que le contexte ne prête guère à équivoque. Voilà sans doute une des raisons qui expliquent pourquoi tant d'auteurs prennent soin d'isoler deux personnages dans leurs récits avant de leur donner la parole.

Lorsque plusieurs personnages interviennent, l'auteur fait face à une véritable cacophonie et se place dans une situation complexe, forcé de bien identifier chaque interlocuteur et, par le fait même, d'alourdir son texte par de multiples propositions incises (« cria-t-elle », « dis-je », « il ronchonne »…). Les verbes qu'on utilise dans une incise ont généralement le sens de « dire » ou de « penser », mais il est possible d'obtenir plus de précision à peu de frais, comme l'attestent les trois listes, non exhaustives, suivantes.

TABLEAU I
LISTE DE VERBES INDIQUANT
UNE SIMPLE PRISE DE PAROLE

ajouter	annoncer	appeler
déclarer	demander	dire
faire	lire	observer
prononcer	proposer	questionner
recommencer	répéter	répondre
reprendre	…	

TABLEAU II
LISTE DE VERBES INDIQUANT UNE PRISE
DE PAROLE ET SUGGÉRANT L'ÉTAT D'ESPRIT
(TON, INTENTION OU ÉMOTION)
DU PERSONNAGE

(s')alarmer	ânonner	avertir
babiller	bafouiller	balancer
balbutier	baragouiner	bégayer
bêler	brailler	bramer
bredouiller	chanter	chevroter
chuchoter	claironner	clamer
(se) claquemurer	commander	conclure
confier	crier	croasser
débiter	(se) défendre	deviser
(s') écrier	(s') égosiller	(s') émerveiller
(s') émouvoir	encourager	(s') énerver
(s') esclaffer	(s') étonner	(s') exclamer
féliciter	fulminer	fumer
gémir	glisser	grogner

grommeler, hésiter, gronder, hurler, haranguer, imaginer, implorer, (s') indigner, (s') inquiéter, insinuer, insister, interrompre, jaboter, jacasser, jargonner, jaser, jaspiner, jauger, jeter, jubiler, lâcher, (se) lamenter, lancer, marmonner, marmotter, marteler, menacer, mugir, murmurer, narguer, nasiller, (s') offusquer, opiner, ordonner, patauger, pérorer, pester, prévenir, proférer, protester, psalmodier, rager, réclamer, (en) remettre, répliquer, rétorquer, ricaner, riposter, rognonner, ronchonner, roucouler, rugir, (se) scandaliser, songer, souffler, soupirer, suggérer, supplier, susurrer, tempêter, tonner, triompher, verbiager, vociférer, zézayer, …

TABLEAU III
LISTE DE VERBES MODALISATEURS (QUI COMPORTENT UN JUGEMENT DU NARRATEUR SUR LA VÉRACITÉ DES ÉNONCÉS RAPPORTÉS)

admettre, affirmer, assurer, avancer, avouer, confier, confirmer, corriger, préciser, prétendre, (se) promettre, renchérir, (se) rendre compte, supposer, …

On peut évidemment ajouter des indications sur la gestuelle (« répéta-t-elle en pointant du doigt »), l'attitude de celui qui parle (« a-t-il conclu en souriant »), les réactions des personnages qui l'entourent (« lui ai-je dit au moment où il passait devant nous ») et les rapports de force qui s'établissent entre eux (« ai-je répondu d'une voix qui ne tolérait aucune réplique »). Certains éditeurs suggèrent à leurs écrivains d'insérer ce genre d'information à toutes les quatre ou cinq répliques dans leurs dialogues.

2.7.3 SOUS QUELLE FORME ?

La présentation typographique du dialogue dans les livres peut revêtir différentes formes. Par convention, quand il s'agit d'une ou de quelques phrases, on cite les paroles des personnages entre guillemets, dans le corps du texte. Toutefois, dans un dialogue constitué de plusieurs répliques, on utilise le tiret pour signifier un changement d'interlocuteur. On peut ouvrir les guillemets devant le tiret de la réplique initiale et les refermer après le tiret de la réplique terminale comme on peut omettre tout bonnement les guillemets et commencer l'échange verbal avec un tiret, sans ouvrir les guillemets. Il importe de choisir une convention et de la respecter tout au long du roman ou de la nouvelle.

Cependant, il existe d'autres façons de citer les paroles des personnages. Certains auteurs contemporains préfèrent écrire les propos des personnages en caractères différents et les enchâsser ainsi dans la narration. Par exemple, Louise Dupré, dans son roman *La voie lactée*, rapporte comme suit les

promesses qui ont été formulées par Anna et
Alessandro :

> *Je suis encore à Tunis, accrochée à une phrase, une*
> *demande comme en font parfois les hommes*
> *quand ils ne sont plus en âge d'exiger. Je vous*
> *reverrai, Anna ? J'aurais pu répliquer sèchement,*
> Ne m'appelez pas Anna. *J'ai répondu,* Oui, Ales-
> sandro. *J'ai ajouté,* Il le faut (2001 : 15).

D'autres auteurs, comme Hélène Rioux, vont
parfois précipiter le rythme des sentences qui se succèdent en utilisant le tiret, mais en accumulant les
répliques en cascades, sans jamais changer de
paragraphe :

> *« Tout est politique, affirmait-il, on n'y peut rien.*
> *— Je ne veux pas que tout soit politique. » Me voir*
> *fondre en larmes le laissait désarmé. « Pourquoi*
> *pleurer ? » demandait-il. Comment savoir pour-*
> *quoi ? « On est bien, continuait-il. On a tout pour*
> *être heureux. Pourquoi tu pleures ? — J'ai trop de*
> *larmes. — Trop de larmes ? Allons donc* (1995 :
> 27-28) *!*

Lorsque le narrateur intervient entre deux prises
de paroles (en au moins une phrase complète), on
doit placer un tiret devant chacune des répliques
même si le personnage qui a été coupé reprend la
parole. Cela n'est pas nécessaire s'il s'agit d'une simple proposition incise incluse, habituellement entre
virgules, dans la réplique.

Normalement, on construit une incise en pla-
çant le sujet après le verbe. Toutefois, certains auteurs calquent la manière orale et n'inversent pas le

sujet : « *Écoute chanter la petite fille* », elle insiste, « *sa voix est pleine d'abeilles* » (Corriveau, 2001 : 78).

L'auteur peut indiquer qui parle avant le début de la réplique, à la fin de la réplique ou après les premiers mots. Le locuteur peut aussi nommer la personne à qui il s'adresse dans sa réplique ou encore une marque linguistique quelconque (un juron, un jeu de mots, un accent, un défaut de langage, un trait caractéristique du personnage, etc.) fait en sorte que l'on reconnaît tout de suite de qui il s'agit. Il arrive enfin que le contexte empêche toute méprise possible.

Plutôt que de citer telles quelles les paroles de quelqu'un, on peut les reformuler, les résumer en discours indirect (« L'élève Deschamps, un indiscipliné exemplaire, avoua qu'il ne connaissait pas la différence entre une proposition subordonnée et une proposition indépendante »). « Cette façon de présenter la parole produit un effet particulier : on n'assiste pas aux paroles du personnage, mais bien à un véritable *récit au second degré* (emboîté, en quelque sorte…), c'est-à-dire narrativisé par l'intervention d'un narrateur » (Vonarburg, 1986 : 178). Dans un tel discours narrativisé, on sent la présence de celui qui raconte l'histoire et on accède à sa perception de la scène.

2.7.4 PENSER AUTREMENT

Outre le dialogue, d'autres façons de rapporter les pensées des personnages s'offrent à l'écrivain. Selon Dorrit Cohn (1981), il y aurait quatre techniques permettant de restituer l'univers intérieur des personnages : le psycho-récit, le monologue narrativisé, le monologue rapporté et le monologue intérieur.

Le psycho-récit est en fait le discours d'un narrateur omniscient sur la vie intérieure d'un personnage (les romanciers du XIXᵉ siècle tels Balzac et Zola en sont de bons exemples). Le monologue narrativisé tente de transposer les pensées du personnage comme s'il se parlait à lui-même, en passant constamment du coq à l'âne. Le discours intérieur du personnage est alors relaté par un narrateur omniscient qui se fait très discret, mais qui installe d'entrée de jeu le lecteur au cœur de l'activité mentale du héros. Le monologue rapporté s'autorise, lui, à représenter directement les pensées d'un personnage. Ainsi, dans le cadre d'une narration omnisciente se glissent, sans avertissement, des passages écrits à la première personne ou à la deuxième personne du singulier. Les pensées du personnage sont alors rapportées comme elles jaillissent à son esprit (illusion d'immédiateté : associations libres, analogies, phrases incomplètes, jeux de mots, onomatopées, etc.), au détriment souvent de la logique discursive ou linguistique. Le monologue intérieur, enfin, s'écrit entièrement au présent et à la première personne du singulier.

> _Le lecteur a le sentiment qu'il porte des écouteurs branchés sur le cerveau de quelqu'un d'autre et qu'il fait défiler une bande sans fin enregistrant les impressions, les réflexions, les questions, les souvenirs et les fantasmes du sujet, au fur et à mesure qu'ils sont déclenchés soit par des sensations physiques soit par des associations d'idées_ (Lodge, 1996 : 71).

Ces techniques donnent l'impression qu'on accède à la profonde vie intime et aux pensées les plus privées d'un personnage, ce qui aurait pour effet, entre autres, de rendre le protagoniste principal plus sympathique aux yeux du lecteur (Jouve, 1992). Le lecteur aurait ainsi l'impression de comprendre le héros, de ressentir ses émotions et de se mettre à sa place.

Qu'on le veuille ou non, il faut maintenant aborder l'épineux problème de la temporalité dans les récits.

> L'organisation du temps dans un roman est, pour le romancier, un défi, une des tâches les plus ardues parce que, justement, le roman dans sa spécificité est un art temporel, c'est-à-dire un art qui implique la notion de progression. [...] Le romancier doit donc insérer les événements, articuler les thèmes, faire vivre ses personnages dans la mobilité, dans la mouvance.
>
> Michel Paquin et Roger Reny,
> *La lecture du roman.*

2.8 AVEC LE TEMPS…

Raconter une histoire implique de faire passer du temps pour suivre un personnage tantôt pendant une période plus ou moins longue de son existence, tantôt pendant un très court laps de temps qui rendra compte, le mieux possible, de l'importance de ce passage dans le cheminement dudit personnage.

> *Qu'il s'agisse de faire tenir dans 200 pages les trente ans de la vie d'une femme ou les deux minutes d'un changement de feux de circulation, le romancier doit choisir, dans l'énorme foisonnement de la vie sociale ou psychique, un nombre restreint d'aspects, d'événements, de détails* (Bourneuf et Ouellet, 1972 : 130).

Afin de produire l'illusion du temps qui fuit ou qui stagne, l'écrivain harmonisera plusieurs types de temps, mais auparavant certaines questions préliminaires devront avoir été résolues.

2.8.1 QUELLE HEURE EST-IL ?

En tout premier lieu, l'écrivain se demandera à quelle époque se déroulera l'aventure qu'il souhaite raconter. Ensuite, il choisira quand le narrateur racontera cette histoire – le fera-t-il pendant les événements énoncés, à mesure qu'ils se produisent ou après coup – et quel événement servira de point de référence pour délimiter l'avant et l'après. Il déterminera aussi la durée de l'histoire, soit l'étendue (en minutes, en heures, en semaines, en mois ou en années) du temps de la fiction, du temps raconté. « On appelle *temps de la fiction* ou de l'histoire "la durée du déroulement de l'action" (Goldenstein), c'est-à-dire la suite chronologique des faits ou la disposition des événements dans l'histoire » (Paquin et Reny, 1984 : 158). Enfin, il fixera approximativement le nombre de pages dont il dispose (une, quinze, cent, deux cents, mille, etc.) et, par le fait même, il décidera quel genre littéraire développer.

Imaginons un cas concret : un narrateur peut, depuis quelques heures, être grand-père. En tenant son premier petit-enfant dans ses bras, il se souvient de sa propre enfance et se met à raconter sa vie, depuis sa naissance jusqu'à ce jour où il devint grand-père. Dans ce cas, le narrateur au « je » commencera son histoire dans le présent de la fiction (quand il a 75 ans) et reviendra sur le passé. On retournera seulement au présent du narrateur qui fait boire son petit-fils au tout dernier chapitre, et l'histoire n'aura duré, en fait, que quelques minutes (temps raconté = le temps d'un boire, le reste est mémoire et souvenirs) !

On aurait pu faire un tout autre choix : au point où l'on commence à raconter l'histoire, le narrateur a cinquante ans et n'a pas encore de petit-enfant. De là, il raconte brièvement son enfance et, par la suite, revient dans le présent de la fiction pour qu'on le voie évoluer jusqu'à la naissance d'Albert, son premier petit-fils, naissance qui survient à la fin de l'histoire. Et l'histoire aura duré une trentaine d'années (temps raconté). Cette histoire pourrait aussi se dérouler au XVIe siècle ou au XXIe ou au XXVe, ce qui changerait encore la couleur, la philosophie, le type d'événements, la psychologie des personnages et leur perception du temps qui passe. En outre, cette histoire pourrait prendre forme dans une nouvelle d'une quinzaine de pages ou dans une saga de trois tomes, ce qui obligerait l'auteur à modifier tant le rythme de la succession des événements que le choix des péripéties et le nombre de souvenirs relatés.

L'écrivain aura aussi à trancher s'il souhaite dater explicitement (indiquer l'année où elle se déroule) ou implicitement (par des allusions historiques, nationales, sociales, idéologiques ou philosophiques) son histoire, la situer dans un espace-temps qui n'existe pas ou pas encore (utopie ou dystopie) ou dans un temps très intime et presque indéterminé (plus psychologique, onirique ou mythique).

> *Il existe en effet une différence notable entre le temps des physiciens, conventionnellement solidifié et mesuré grâce aux horloges qui permettent de se référer chronologiquement à un « avant » ou à un « après », et la durée vécue, ce temps psychologique qui varie selon chacun suivant les circonstances, au gré des consciences. On comprend*

> aisément que la même heure de soixante minutes
> en temps des horloges semble plus courte à l'amou-
> reux comblé ou au condamné à mort qui attend
> dans sa cellule la venue du bourreau, mais paraît
> interminable au saboteur chargé de dynamiter un
> objectif étroitement surveillé ou à l'élève qui attend
> la fin du cours de français (Goldenstein, 1995 :
> 103).

L'écrivain doit donc harmoniser « temps ra-
contant », « temps raconté » et demi-teintes subtiles
de la perception du temps que développent personnages et narrateurs.

2.8.2 TANT DE TEMPS !

Comment indiquer le passage du temps ? Entre
autres, par les changements de saisons et transformations climatiques qui y sont liées, les évocations
de fêtes ou d'événements annuels (Noël, Pâques, les
vacances d'été…), les allusions à des circonstances
historiques, les extraits de lettres ou passages de
journaux intimes incrustés dans la narration, la description du vieillissement des êtres et des choses, la
description de l'éclairage selon l'heure du jour, la
description d'un parcours des personnages (étapes
d'un voyage, balises d'un trajet quotidien – par
exemple, les stations de métro, etc.), les changements de décors, l'utilisation du pluriel (par exemple : les soirées se succédaient et se ressemblaient
toutes). Tous ces détails plus ou moins subtils sont
susceptibles de créer l'illusion du temps qui s'écoule.
Certaines formules beaucoup plus explicites
permettent aussi de situer les événements les uns par

rapport aux autres : la même nuit, quelques semaines plus tard, le dimanche qui suivit, cette année-là, etc. « Tous les lecteurs de romans connaissent [c]es formules qui parsèment (parfois jusqu'au tic caricatural) les chapitres, indiquent la succession avec plus ou moins de bonheur » (Goldenstein, 1995 : 107). À utiliser donc avec parcimonie ! On peut aussi indiquer une coupure temporelle en changeant de chapitre ou en utilisant des blancs typographiques plus importants entre les paragraphes.

> *Un autre aspect du temps dans la fiction est la durée mesurée en comparant le temps que les événements auraient mis à se produire dans la réalité et le temps pris à les lire. Ce facteur affecte le tempo narratif, notre impression d'un roman se déroulant vite ou lentement.* (Lodge, 1996 : 245)

Selon Genette (1972), la seule équivalence possible constitue la scène dialoguée, en autant qu'elle ne comporte pas trop d'incises ! La scène dialoguée,

> [c]*'est la « prise directe », quel que soit le temps choisi pour la narration, présent ou passé, la durée soi-disant théâtrale ou cinématographique. [...] Mais c'est en fait par consensus littéraire, une convention, qu'on suppose cette égalité des durées* (Vonarburg, 1986 : 64).

En réalité, l'écrivain doit manipuler le temps comme un élastique. Parfois, il devra l'étirer au maximum et le disséquer instant par instant, parfois, il devra le réduire au minimum, en quelque sorte, et résumer ainsi de grands pans d'histoire. Parce qu'on ne peut tout raconter de la vie d'un personnage, on aura recours à plusieurs procédés narratifs qui permettront d'illustrer le passage du temps : « résumés, brusques sauts dans le temps, syncopes, accélérations » (Bourneuf et Ouellet, 1972 : 130).

Grâce au sommaire, on peut condenser une grande portion d'histoire en un paragraphe ou en quelques pages. L'effet d'un sommaire, digne d'une accélération, est un peu comparable à ce qu'on nomme un panoramique au cinéma.

> *Dans le texte narratif littéraire, le sommaire sera utilisé pour épargner au lecteur éventuel le récit d'actions jugées moins importantes, pour bousculer l'action et insuffler au récit une dynamique exigée par le suspense désiré* (Gourdeau, 1993 : 24).

L'ellipse, quant à elle, autorise à laisser des trous, à pratiquer des coupures et à générer des vides dans l'enchaînement des événements de l'histoire.

> *Lorsque la durée du récit* [temps racontant] *est réduite à zéro (ou presque) et que* [l'on souhaite suggérer que] *l'histoire continue tout de même, on a affaire à une ellipse, appelée plus communément saut dans le temps.* [...] *L'ellipse peut s'étendre de quelques secondes à des millénaires (!) et s'exprime le plus souvent par des locutions adverbiales du genre* « quelques ... plus tard », « le lendemain », « le mois suivant », *etc.* (Gourdeau, 1993 : 25).

On peut aussi temporairement passer un fait sous silence pour entretenir l'énigme et revenir plus tard à cet oubli volontaire, comblant l'ellipse et les attentes du lecteur – le roman policier fonctionne souvent ainsi.

> *L'ellipse, donc, est d'abord ce qu'on fait lorsque, court-circuitant l'ordre chronologique du récit […], on saute par-dessus certains événements sans les raconter. Pourquoi faire cela ? Pour diverses raisons : gagner du temps, […] resserrer le récit et donc donner plus de force d'impact à l'histoire ainsi débarrassée de ses détails superflus… Et aussi pour, sournoisement, ne pas donner au lecteur toutes les informations au moment où il les attend trop : pour ménager le suspense, les surprises ulté-rieures, les rebondissements, révélations et autres points d'exclamation des découvertes, bref pour augmenter, en le retardant, le plaisir du lecteur* (Vonarburg, 1986 : 66).

L'effet d'une ellipse est un peu comparable à celui d'un fondu enchaîné ou d'un fondu au noir au cinéma.

Enfin, la pause procède d'un ralentissement de l'histoire.

> *L'action en cours s'arrête et se fige, et on passe à une parenthèse qu'on appellera digression si elle est « mal faite », et pause si elle est « bien faite », c'est-à-dire si le lecteur peut saisir sans trop de problèmes son utilité et sa nécessité en ce point par-ticulier du récit, son rapport avec lui* (Vonarburg, 1986 : 64).

On conseille d'utiliser la pause, par exemple, pour décrire un personnage, un paysage ou une situation ; pour expliquer le comportement d'un personnage par un retour en arrière ou un commen-taire du narrateur ; pour philosopher un brin. L'effet de la pause est un peu comparable à un arrêt sur image ou à un gros plan, au cinéma.

2.8.3 QUELS TEMPS VERBAUX CHOISIR ?

Peut-on raconter une histoire qui se passe lors de la préhistoire de l'humanité au présent de l'indicatif ? Tout à fait, et ce, même si tous les théoriciens s'entendent pour dire que « le temps de narration le plus fréquemment employé est le passé, ou plutôt toutes sortes de passé » (Vonaburg, 1986 : 55). Tout dépend d'où l'on part pour raconter l'histoire et où l'on souhaite placer le narrateur. Une fois qu'on connaît l'histoire, le véritable choix consiste donc à écrire soit en couleur de passé, soit en couleur de présent (Lacarra, 1979) et, ensuite, de réécrire la nouvelle ou le roman en respectant ce qu'on nomme la concordance des temps. Et même si certains auteurs se permettent des transgressions très efficaces et maltraitent un peu la concordance des temps, il est conseillé, quand on commence à écrire, d'opter pour une couleur temporelle et de la respecter jusqu'à la fin du texte.

Comment s'organise la concordance des temps ? La question est complexe et nécessite souvent le recours à une bonne grammaire. Néanmoins, Marcel Lacarra propose une approche intéressante, qui a le mérite de simplifier un peu les choses :

> Le point de départ sera d'imaginer qu'un projecteur suit une figure se déplaçant sur la ligne du temps. Trois cases peuvent ainsi être définies : l'une, étroite, est celle où la figure évolue « sous le projecteur » ; les deux autres, bien plus étendues et en droit sans limites (le temps n'est-il pas infini) s'allongent de part et d'autre, respectivement « en arrière » de la case éclairée et « en avant » d'elle (1979 : 12).

Bref, sous le projecteur – en couleur de passé comme en couleur de présent – on retrouve le moment où le narrateur raconte l'histoire. Trois éléments s'avèrent donc d'une importance capitale : 1) la couleur du projecteur (couleur de passé ou couleur de présent) et le moment que choisit le narrateur pour raconter son histoire, 2) la ligne du temps, 3) le déplacement des événements de l'intrigue.

On obtient ainsi le schéma suivant (inspiré des travaux de Lacarra) :

EN ARRIÈRE DU PROJECTEUR	SOUS LE PROJECTEUR	EN AVANT DU PROJECTEUR
(retours en arrière)	(moment de la narration)	(anticipations du futur)
↓	↓	↓
	Couleur de présent	
passé composé imparfait	présent	futur
↓	↓	↓
	Couleur de passé	
plus-que-parfait imparfait	passé composé imparfait passé simple	conditionnel présent

FIGURE 1
UTILISATION DU TEMPS DES VERBES
DANS LE RÉCIT

Dans notre précédent exemple, en couleur de présent, ce qui est éclairé sous le projecteur, c'est le moment où le narrateur tient son petit-fils dans ses bras et la scène est écrite au présent. En arrière du projecteur, c'est le passé du narrateur, soit l'enfance à laquelle il fait allusion et les scènes seront écrites au passé composé et à l'imparfait (« Quand j'étais enfant… », « J'ai été un fils ingrat… »). En avant du projecteur subsistent les rêves, les craintes et les anticipations du narrateur et les scènes, s'il y en a, seront écrites au futur (« Mon petit Albert sera un grand musicien. »).

En couleur de passé, un certain moment du passé du narrateur est choisi comme point de référence. Le narrateur pourrait, par exemple, avoir maintenant soixante-dix-huit ans et choisir de raconter à partir de l'âge de soixante-quinze ans. Ce qui est sous le projecteur, c'est le moment où le narrateur tenait son petit-fils ou a tenu pour la première fois son petit-fils et la scène est écrite au passé composé, au passé simple ou à l'imparfait. En arrière du point éclairé, c'est le passé encore plus lointain du narrateur, soit l'enfance à laquelle il fait allusion et les scènes seront écrites au plus-que-parfait (pour les actions terminées) ou à l'imparfait (pour les actions non terminées). En avant de ce point, figurent les rêves du narrateur et les scènes seront écrites au présent du conditionnel.

Mais, « [p]lus que l'emploi des temps de la grammaire, c'est la substance même de chaque temps romanesque qu'il faut saisir » (Bourneuf et Ouellet, 1972 : 134). Voici donc quelques effets, en vrac, qui concernent les couleurs temporelles.

> *Le passé fonctionne*[rait] *comme une sorte de signal rassurant en soi : même si le lecteur n'en a pas conscience, ce temps introduit une distance*

> *protectrice entre lui et l'histoire. [...] [L]e passé va*
> *toujours remplir plus ou moins sa fonction sécu-*
> *risante, même si l'histoire ne se termine pas dans le*
> *passé et vient rejoindre le présent où se déroule le*
> *récit* (Vonarburg, 1986 : 57).

Toutefois, narration et choix des temps verbaux s'enlacent très étroitement. Que l'histoire soit au passé semble tout à l'avantage d'un narrateur omniscient ; puisqu'il raconte après coup, il est fort vraisemblable qu'il sache tout au sujet de l'histoire racontée. S'il raconte en couleur de présent, soit en même temps que se déroulent les événements de l'intrigue, il y aura peut-être un problème de vraisemblance. En principe, on lui permet d'être partout à la fois et partout en même temps, mais l'illusion référentielle pourrait en souffrir. Cependant, le lecteur a l'impression de pouvoir modifier le récit puisque tout n'est pas encore advenu...

Dans le cas d'un narrateur-héros, s'il raconte en couleur de présent, il doit éviter les récits ponctués d'actions, car dans la réalité, on n'énumère pas à mesure tous les gestes qu'on pose. En revanche, narrateur-héros et couleur de présent conviennent tout à fait à un récit très introspectif : cela favoriserait l'identification et l'empathie du lecteur. Si on choisit un narrateur-héros qui raconte en couleur de passé, on assiste à une sorte de dédoublement du héros, ce qui crée un effet fort intéressant : « JE narrateur présent est éventuellement le juge de JE acteur passé : il comprend (mieux...), éclaire, rapproche, (s')explique, avec ironie, ou désespoir, sévérité, indulgence, sérénité. » (Vonarburg, 1986 : 59) La couleur de passé, en outre, utilisée avec un narrateur-héros, produit souvent un certain effet de nostalgie (retour au paradis perdu du passé) ou de bilan (retour aux échecs ou aux bons coups de son existence).

Quand on écrit en couleur de passé, le passé composé ou le passé simple « constituent la trame du récit, ils sont les vrais "raconteurs". Ce sont eux qui disent *ce qui s'est passé*, de jour en jour ou d'un instant à l'autre : on peut les dater, les minuter » (Lacarra, 1979 : 63). Par exemple, si on accumule les verbes au passé composé, on pourra suggérer une certaine hâte, une précipitation, un empressement, une brusquerie ou une tension.

Quant à l'imparfait, il « convient à l'évocation des arrière-plans puisqu'il exprime la durée, le non-accompli, le non-limité dans le temps. C'est un temps de nature descriptive » (Peyroutet, 1994 : 115). Selon Lacarra, les verbes à l'imparfait « représentent en général des points d'arrêt : on stoppe le récit proprement dit pour commenter, expliquer ou décrire » (1979 : 63). En outre, les imparfaits sont tout indiqués pour évoquer l'habitude et la répétition. En couleur de présent, le temps présent joue tous les rôles : présent d'habitude et de répétition, présent des vérités générales, présent de l'action, présent de la réflexion et des rêveries.

Somme toute, il s'agit alors de respecter la concordance des temps. Il ne faut pas commettre l'erreur fréquente, en couleur de présent, d'utiliser le passé simple pour les scènes qui se déroulent en avant du projecteur !

2.8.4 DIRE OU NE PAS DIRE ?

Comment savoir si on s'éternise sur des détails inutiles ? Comment savoir si on tire réellement parti du non-dit et des ellipses sans devenir trop énigmatique ? Il n'y a pas de recettes. C'est une question de jugement personnel et d'écoles. Comme le résument Paquin et Reny :

> *Pour certains* [comme Michel Butor], [...] *lorsqu'il s'agit d'organiser le temps du récit,* [le narrateur] *doit aller à l'essentiel* [...], *s'attarder sur l'essentiel et glisser sur le secondaire. Pour d'autres, par contre, les zones les plus denses de signification émergent du fait tu ou voilé, fût-il secondaire* (1984 : 159).

Le lecteur possède uniquement ce que l'écrivain lui donne de l'histoire, noir sur blanc. L'auteur, lui, a tout dans la tête et en technicolor, de surcroît ! Il doit donc transposer en mots ce qu'il imagine, doser et choisir, en donner juste assez au lecteur pour l'aider à ressentir, à voir et à imaginer, sans tomber ni dans l'excès ni dans le manque d'information. Il évitera donc le verbiage et les longueurs inutiles et favorisera les moments significatifs. On ne peut en effet suivre le temps minute par minute et tout raconter !

Pour François Bon (2000 : 181), quand on écrit (qu'il s'agisse d'un souvenir personnel ou d'une scène de fiction), il importe de se demander « quelles sont les images pivots ». Mais il reste que certains genres et certains sous-genres commandent une écriture plus ou moins dense, elliptique ou concise. « Le roman d'aventures passe rapidement d'une crise à l'autre [...]. [Alors que le] roman du courant de conscience traîne sur chaque moment, quelque banal qu'il soit » (Lodge, 1996 : 245-246). N'oublions pas que la nouvelle est le genre de la brièveté par excellence et le roman, celui de la durée.

L'auteur n'est pas tenu de respecter l'ordre dans lequel se déroulent les événements. Au contraire, on l'en dissuade même ! À peu de choses près, l'ordre chronologique serait pratiquement inutilisable dans le roman :

> *La narration romanesque la plus simple, outre qu'elle choisit un tout petit nombre d'éléments de l'aventure racontée, en arrive à utiliser une armature temporelle relativement complexe qui se traduit par des anticipations, des retours en arrière, des chevauchements d'actions, des télescopages...* (Bourneuf et Ouellet, 1972 : 132).

En termes narratologiques, on parle d'anachronies narratives. L'analepse est constituée d'un événement antérieur par rapport au point de l'histoire qui se situe directement sous le projecteur (obsessions, regrets, réminiscences, remords, souvenirs, etc.) et la prolepse, d'un événement ultérieur (fantasmes, interrogations, phobies, prédictions, prophéties, rêves, etc.). Voilà pourquoi l'ordre de l'histoire (contenu) et l'ordre du récit (contenant) ne correspondent jamais !

Ce qui nous amène à nous intéresser à l'intrigue, à la façon de tenir un lecteur en haleine, à susciter son intérêt dès l'incipit, à organiser l'imbrication des différents éléments de l'histoire...

La première personne à laquelle
il faut vouloir plaire, en écri-
vant une histoire, c'est vous-
même. Si vous parvenez à vous
distraire le temps que durera sa
rédaction, alors il est probable
qu'éditeurs et lecteurs suivront
le mouvement.

Patricia HIGHSMITH,
L'art du suspense.
Mode d'emploi.

2.9 COMMENT NOUER UNE INTRIGUE ?

L'intrigue se construit d'événement en événement, d'émotion en émotion, d'expectative en
expectative, comme un casse-tête qui s'assemble lentement dans la tête du lecteur. L'intrigue diffère de
l'histoire. On parle d'intrigue quand « on met
l'accent moins sur les personnages que sur l'enchaînement d'une structure narrative. […] "[H]istoire"
est un "terme général" pour distinguer personnages
et action » (Bourneuf et Ouellet, 1972 : 37).

Les événements en eux-mêmes ne font pas l'intrigue. L'intrigue naît du ton qu'on adopte, du
rythme auquel les épisodes se relaient, des relations
qu'on tisse entre les personnages, des interactions
qu'on crée entre les circonstances et de l'ordre dans
lequel on raconte les différents moments de l'histoire. Ainsi même les histoires les plus simples peuvent donner matière à de bons récits, si l'on est
habile dans la manière de les raconter.

Présenterons-nous l'histoire selon l'ordre chronologique des événements ou y insérerons-nous

quelques retours en arrière (voire des projections vers le futur) inattendus et percutants ? C'est dans l'organisation des différentes séquences narratives que l'on fait ressortir les liens logiques (le plus souvent de causalité) qui consolident le récit et lui donnent sa cohérence, son intelligibilité.

2.9.1 L'INCIPIT

L'une des décisions les plus importantes que doit prendre l'auteur est la suivante : par où le lecteur entrera-t-il dans son histoire ou, en d'autres termes, quel en sera l'incipit ? Les premiers paragraphes servent à placer le ton, à donner une idée de l'esthétique et du genre retenu et, parfois, à préciser déjà le thème du roman ou de la nouvelle. Aussi, il faut choisir judicieusement les éléments qui sauront à la fois introduire dans le vif du sujet, présenter les principaux personnages et capter l'attention du lecteur. Dans tous les cas, l'incipit doit agir comme un hameçon muni d'un appât qui accrochera le lecteur au récit. C'est pourquoi, afin de mettre l'intrigue en branle le plus rapidement possible, on suggère d'amorcer « le livre alors que l'action est engagée, *in medias res*, pour revenir ensuite plus ou moins longuement à des fins explicatives sur une époque antérieure » (Bourneuf et Ouellet, 1972 : 46). Le personnage gagne à être placé rapidement en situation conflictuelle, moteur de tout récit.

Dit autrement, commencer par l'incident le plus éloigné dans le temps n'est pas nécessairement la meilleure solution :

> *Le* flashback *est un procédé dont le mérite est indiscutable, à la condition d'être utilisé à bon escient et non pas par principe. Commencer un livre par une scène forte, même si elle n'est pas à sa place au début de l'histoire, est toujours un atout, surtout si elle présente un des personnages principaux* (Tisseyre, 1993 : 49).

Highsmith invite cependant l'écrivain à bien évaluer la façon dont le lecteur percevra ces premiers paragraphes.

> *Mais le lecteur n'aime pas être d'un seul coup plongé dans un océan d'informations, de faits compliqués qu'il a de la peine à relier aux personnages concernés, puisqu'il ne les connaît pas encore. De même, précipiter le lecteur dans une situation émotionnelle, une dispute, une scène de passion de quelque sorte que ce soit, est une erreur de tir, puisque le lecteur n'a aucune chance d'être intéressé s'il ne connaît pas les protagonistes. Je dirais donc qu'il me paraît bon de donner une impression de mouvement sans présenter en même temps les raisons de ce mouvement* (1988 : 74-75).

Et la romancière donne l'exemple d'un personnage qui en fuit un autre, sans que l'on sache pourquoi. Le désir du lecteur de combler ce manque d'information fait en sorte qu'il poursuivra sa lecture. Une fois qu'il a mordu, le lecteur se préoccupe de savoir comment l'histoire va se terminer. Cette obsession du dénouement de l'intrigue le tient en haleine et le pousse à lire jusqu'à la dernière ligne. Une bonne intrigue amène le lecteur à tergiverser sur le déroulement de l'histoire, à envisager plusieurs scénarios et à jouir pleinement de sa lecture...

2.9.2 L'ORDRE OU LE DÉSORDRE PLANIFIÉ ?

Dès l'école primaire, on apprend aux enfants qu'un récit se construit à partir d'une situation initiale (et souvent idéale, voire idyllique) que quelque chose ou quelqu'un vient perturber. De l'événement déclencheur découleront les divers autres épisodes se situant avant, pendant ou après la crise. La fin du récit fera état d'une transformation, d'une modification plus ou moins substantielle de la situation de départ.

La plupart des intrigues obéissent encore au modèle triadique (l'exposition, le nœud, le dénouement), hérité de la tradition dramatique.

> *Tout le théâtre classique français relève de cette montée de la tension conflictuelle, au sens le plus large du terme, que l'on représente couramment sous la forme d'une courbe inscrite entre une abscisse marquant le déroulement de l'intrigue et une ordonnée indiquant la tension dramatique : exposition d'une situation, évolution vers un conflit, montée du conflit jusqu'à un point culminant, résolution* (Goldenstein, 1995 : 66-67).

En somme, tous les projets d'écriture reposeraient sur cette série de questions essentielles : qui seront les principaux personnages ? quand se déroulera l'intrigue et quand le narrateur racontera-t-il l'histoire ? où se passera l'action ? par qui l'histoire sera-t-elle racontée et quel sera le « conflit » mis en scène dans l'intrigue ? Un auteur qui lève le voile sur ces réponses détient déjà un projet de roman !

Il existe une grande variété d'intrigues possibles. Goldenstein (1995) résume efficacement les trois

principales catégories d'intrigues répertoriées par le
théoricien Norman Friedman : intrigues de destinée
(d'action, mélodramatique, tragique, de sanction,
sentimentale, d'admiration, cynique) ; intrigues de
personnages (de maturation, d'amendement,
d'épreuve, de détérioration) ; intrigues de pensée
(d'éducation, de révélation, affective). Goldenstein
note cependant que ce catalogage n'est pas exhaustif,
que chaque récit est unique et que certains récits im-
purs peuvent très bien satisfaire les exigences de plus
d'une catégorie. De ces sous-catégories, on doit donc
retenir que certaines intrigues sont davantage axées
sur l'action, d'autres sur l'intériorité du personnage
et son cheminement psychologique, d'autres encore
sur une réflexion ou une philosophie sous-jacente.

À l'occasion d'une entrevue, Michel Tournier
confessait :

> *L'un des secrets consiste à écrire la fin du roman
> avant le début.* [...] *Je procède ensuite à un décou-
> page rigoureux. Le livre se compose toujours de
> deux versants séparés au milieu par une crise (la
> déclaration de guerre dans* Le roi des aulnes). *
> Pour obtenir les correspondances, il suffit de tra-
> vailler simultanément à chacun de ces versants. Je
> n'hésite pas, s'il le faut, à écrire à reculons.* (De
> Rambures, 1978 : 166)

Ainsi, tous les chapitres concourent à la logique
narrative, à la progression de l'intrigue vers un dénouement inattendu mais vraisemblable. Écrire à re-
culons ou raconter à rebours. Car l'écrivain a intérêt
à défaire l'ordre chronologique et à ménager des
« événements-tremplins » aux moments forts du
récit pour « relancer l'intrigue, créer des revirements

inattendus » et faire rebondir l'histoire (Fisher, 2000 : 98), sans toutefois tomber dans le rocambolesque !

Faire un plan, c'est découper l'histoire en épisodes « possibles » qui structureront exposition, nœud et dénouement.

> *Tout épisode actualise la voix et le point de vue de narration, regroupe une série d'événements autour d'un événement dominant, concrétise les coordonnées spatio-temporelles propres à ces événements et révèle soit une étape de l'évolution psychologique d'un personnage (signification d'ordre psychologique), soit ses réflexions et ses préoccupations (signification d'ordre thématique)* (Paquin et Reny, 1984 : 51).

Sans revenir sur la pertinence de produire ou non un plan[5], soulignons que l'auteur, après le premier jet, peut procéder à des remaniements majeurs ou mineurs, à un redécoupage en parties, chapitres, scènes ou épisodes. À la lumière du projet en train de mûrir, il est en droit de modifier la succession ou la teneur de certains événements. En général, « [l]e passage d'un chapitre à l'autre souligne la progression de l'action, l'écoulement du temps, le changement de lieu, l'évolution des personnages, etc. » (Goldenstein, 1995 : 83). Tout cela évidemment dans le but de consolider l'intrigue.

---

5. Voir à ce sujet le chapitre « 2.3 Architecte ou improvisateur ? ».

2.9.3 QU'ENTEND-ON PAR HISTOIRE « VRAISEMBLABLE » ?

Au XVIIe siècle, on présentait « la bienséance comme le fondement le plus solide de la vraisemblance » (Glaudes et Reuter, 1998 : 8). Bien sûr, cette assertion n'est plus vraie de nos jours. Cette notion semble régie avant tout par le sous-genre : un événement qui demeure vraisemblable dans un roman noir n'est pas nécessairement vraisemblable dans un roman de science-fiction ou dans un roman réaliste. Il faut s'en remettre au pacte de lecture implicite. Le fantastique, lui, joue justement sur la résistance des personnages en regard de ce qui est vraisemblable et de ce qui ne l'est pas.

Chaque histoire appelle son propre degré de vraisemblance. Des personnages très excentriques entraînent presque inévitablement des actes extravagants, qui ne seraient pas vraisemblables dans un contexte où les personnages sont plutôt conservateurs.

On doit donc se méfier des scénarios clichés et des événements qui découlent trop naturellement les uns des autres. De même l'originalité à tout prix et les intrigues abracadabrantes ont souvent l'air suspectes. Enfin, les dénouements prévisibles, qui paraissent arrangés ou qui sentent trop l'intervention providentielle (les coïncidences hasardeuses), laissent le lecteur sur sa faim. Le défi consiste justement à concevoir une intrigue à la fois cohérente et captivante du début à la fin.

Fischer indique qu'un auteur habile crée des attentes chez son lecteur, attentes qu'il doit par la suite combler de façon étonnante : « [l'auteur] donne au lecteur ou au spectateur ce qu'il attend, mais d'une manière différente de ce qu'il attendait » (2000 : 67).

On nous permettra de clore cette réflexion par une citation de Claude Roy, dont le ton sarcastique ne doit pas faire oublier la justesse du propos :

> *Nous avons tous rencontré quelqu'un auquel il était arrivé tant de choses, et de si surprenantes, que lorsqu'il parlait de sa vie il disait : « Quel roman on écrirait avec ça ! » Quelquefois, celui auquel est arrivé ce roman est doué de ce qu'on nomme un « joli brin de plume », et le roman, il l'écrit en effet. Mais il a beau lui être arrivé la matière de vingt romans, le roman qu'il écrit n'arrive pas à être un bon roman. Sa vie était un roman, mais son roman n'est pas la vie. On n'écrit pas seulement avec une plume, même si c'est un joli brin de plume. Il y faut autre chose encore, et pas tellement qu'il se soit passé des choses autour de nous, mais surtout que ces choses se soient passées en nous, et que nous soyons passés en elles* (1968 : 129-130).

On admet généralement que les bons écrivains se démarquent les uns des autres par leur style ! Mais qu'est-ce que le style ? Cette notion très subjective mérite d'être approfondie.

> [...] je garde toujours à l'esprit
> que le travail du style est bel et
> bien une forme élémentaire de
> respect du lecteur.
>
> Gaëtan BRULOTTE,
> *La chambre des lucidités.*

2.10 ÉCRIRE AVEC STYLE !

L'écrivain confirmé a traversé plusieurs fron-
tières avant de se démarquer par son écriture. Il a dû
se défaire des notions de style apprises à l'école, ces-
ser de pasticher les grands auteurs et multiplier les
essais infructueux. C'est pourquoi Tisseyre émet la
recommandation suivante aux jeunes écrivains :

> [N]*e pas contrecarrer votre penchant naturel pour
> des phrases amples et généreuses ou, au contraire,
> pour des phrases courtes et peut-être un peu sèches
> car, dans le premier cas, vous apprendrez à éla-
> guer, à faire plus court et, dans le second, à étoffer,
> à rendre moins elliptique votre pensée lorsque le
> moment sera venu de polir et de repolir comme le
> conseille Boileau* (1993 : 97-98).

Le style de l'écrivain, c'est sa marque, sa griffe, sa
voix, constituée d'un amalgame de traits linguistiques (choix de mots, tournures syntaxiques, écarts
stylistiques, etc.) et d'une posture idéologique singulière (un esprit, une vision du monde), inhérente à
chaque ouvrage. Le ton d'une histoire, lui, peut
varier d'un livre à l'autre, sauf dans le cas des séries,
telles que les Maigret ou les San-Antonio, dans lesquelles les lecteurs s'attendent justement à retrouver

la même recette gagnante, les mêmes procédés littéraires, la même atmosphère…

Le style étant la marque personnelle de l'auteur,
il n'existe pas d'école qui puisse l'enseigner. C'est à
chacun de découvrir le sien. Il n'y a pas de bons ni de
mauvais styles. L'écrivain possède l'entière liberté
d'écrire comme il veut, en autant que son texte
demeure cohérent et vraisemblable dans l'univers de
fiction créé. Par la suite, il devra cependant dénicher
un éditeur prêt à le publier et des lecteurs disposés à
accepter le contrat de lecture qu'il leur propose (et à
acheter son livre…).

2.10.1 DE QUELQUES EXEMPLES ÉLOQUENTS

Sans entrer dans de longues explications, pas-
sons en revue quelques auteurs qui se démarquent
clairement sur le plan stylistique. Commençons par
l'écriture dense et poétique d'un Alessandro Baricco.

> *Sable à perte de vue, entre les dernières collines et
> la mer – la mer – dans l'air froid d'un après-midi
> presque terminé, et béni par le vent qui souffle
> toujours du nord.*
> *La plage. Et la mer.*
> *Ce pourrait être la perfection – une image pour un
> œil divin – monde qui est là et c'est tout, muette
> existence de terre et d'eau, œuvre exacte et achevée,
> vérité – vérité –, mais une fois encore c'est le salva-
> teur petit grain de l'homme qui vient enrayer le
> mécanisme de ce paradis, une ineptie qui suffit à
> elle seule pour suspendre tout le grand appareil de
> vérité inexorable, un rien, mais planté là dans le
> sable, imperceptible accroc dans la surface de la
> sainte icône, minuscule exception posée sur la per-
> fection de la plage illimitée (1998 : 11).*

Enchaînons avec du François Barcelo, qui préconise une langue plus familière et un univers tordu
et ludique.

> *Je vis à Saint-Barnabé, un bled du Canada où*
> *même les arbres sont plus moches qu'ailleurs parce*
> *qu'ici les gens sont pauvres. En mourant, ma mère*
> *a ouvert la portière et elle est tombée dans le fossé.*
> *Ça m'agace. Même si je n'ai fait que mon devoir*
> *en la tuant parce qu'elle me l'a demandé, il faut*
> *que je répare la voiture abîmée et que je repêche le*
> *corps dans le fossé avant que les flics ne la trouvent*
> (1998 : 4ᵉ de couverture).

Si l'on veut aller plus loin encore dans l'humour
débridé et grivois, rien de tel que du San-Antonio.
Oublions pour un instant les normes grammaticales
et stylistiques.

> *Elle aime. Elle le dit, elle le gémit, elle le crie, elle*
> *l'écrit, elle le mime, elle le râle, elle le roucoule, le*
> *gazouille, le clame, le réclame, le proclame, l'af-*
> *firme, l'assure, le jure, l'objure, le susurre, le chu-*
> *chote, le zozote, le suçote, le récite, le traduit, le*
> *répète, le versifie, le morsifie, le braille, le Louis*
> *Braille, l'annonce, l'affiche, le mugit, le vagit, le*
> *miaule, l'explique, l'amplifie, le commente, le*
> *lamente et l'amante* (1966 : 110).

On préfère les nuances et les subtilités ? On
raffole des contorsions syntaxico-logiques ? Voici un
extrait de *La vie devant soi*, dans lequel le narrateur
enfant, apparemment naïf et inculte, donne de
grandes leçons d'amour et de générosité, avec une
lucidité sans pareille.

> *La première chose que je peux vous dire c'est qu'on*
> *habitait au sixième à pied et que pour Madame*

> *Rosa, avec tous ces kilos qu'elle portait sur elle et*
> *seulement deux jambes, c'était une vraie source de*
> *vie quotidienne, avec tous les soucis et les peines.*
> *Elle nous le rappelait chaque fois qu'elle ne se*
> *plaignait pas d'autre part, car elle était également*
> *juive. Sa santé n'était pas bonne non plus et je*
> *peux vous dire aussi dès le début que c'était une*
> *femme qui aurait mérité un ascenseur* (Ajar,
> 1975 : 9).

On prend un malin plaisir à jouer avec les signes de ponctuation ? On déteste le point final, car il coupe court à son inspiration et à la fluidité de son texte ? Combien d'auteurs ont eu l'audace, telle Marie-Claire Blais, de présenter à ses lecteurs un roman presque dénué de points ?

> *Ils étaient ici pour se reposer, se détendre, l'un près*
> *de l'autre, loin de tout, la fenêtre de leur chambre*
> *s'ouvrait sur la mer des Caraïbes, une mer bleue,*
> *tranquille, presque sans ciel dans les reflets du*
> *soleil puissant, le juge avait dû maintenir son ver-*
> *dict de culpabilité avant son départ, mais ce n'était*
> *pas cette juste sentence qui inquiétait sa femme,*
> *pensait-il, c'était un homme jeune qui avait peu*
> *l'habitude des tribunaux, déjà cette affaire de*
> *délinquants et de proxénètes mis en prison l'avait*
> *accablé, cette redoutable profession de magistrat,*
> *jadis celle de son père* […] (1995 : 13).

Et nous pourrions multiplier ainsi les exemples pendant des pages et des pages. C'est à chacun de prendre la relève ! Que l'apprenti auteur lise et construise lui-même sa banque de textes. Au début, il sera tenté d'imiter tel et tel grand écrivain. Qu'il ne s'empêche pas d'écrire pour autant. Qu'il poursuive. Il prendra de l'assurance, puis il sortira des sentiers

battus, et son style émergera de lui-même. Pendant
ce temps, il laissera le soin aux critiques de découvrir
dans ses textes les traces des auteurs qui auraient pu
l'inspirer.

2.10.2 PEAUFINER SON STYLE

Quand une maladresse, un tic d'écriture ou une
contorsion syntaxique deviennent-ils une marque
stylistique, un élément de la griffe d'un écrivain ? La
frontière entre l'erreur et la trouvaille géniale n'est
pas toujours clairement définie. L'effet produit est-il
intentionnel, voulu, recherché ? L'écart face à la
langue est-il créatif, efficace, significatif aux yeux du
lecteur ? Un bon éditeur devrait être en mesure de
juger adéquatement la qualité littéraire des manuscrits qui lui sont soumis.

Jacques Laurent lance un cri du cœur en faveur
d'une langue française qui ne soit pas moribonde.

> *Jamais Littré n'avait cru que le mouvement du*
> *vocabulaire et de la syntaxe devait cesser après la*
> *publication de son dictionnaire, mais il y a des*
> *censeurs pour le croire et traiter notre langue*
> *comme si elle était morte.*
> *Je la vois vivante, je la veux vivace* (1988 : 4ᵉ de
> couverture).

Dans les dialogues, il est courant de typer un
personnage, de lui accoler un langage qui fait en
sorte qu'on puisse le reconnaître facilement. Le narrateur, qu'il soit personnage ou non de l'histoire,
possède aussi un langage qui lui est propre. Et s'il y a
plusieurs narrateurs dans un texte, chacun devrait

recevoir des attributs distinctifs (marques langagières, sémantiques, idéologiques, etc.).

La pire stratégie de l'écrivain débutant serait de
chercher à faire du style à tout prix. Le style est déjà
en lui. Il est conditionné par ses lectures antérieures,
par son éducation, sa vision du monde, sa personnalité… Il faut tout simplement le laisser surgir et le
polir. L'apprenti écrivain doit être réceptif aux
commentaires de son entourage (lecteurs privilégiés,
professeurs, éditeurs) mais demeurer vrai face à lui-
même. Dans *Le style en friche*, André Marquis fait la
mise en garde suivante :

> *Un texte bien écrit ne met jamais en avant-plan sa
> structure ni ses procédés stylistiques. Tout est une
> question de dosage, d'équilibre, d'harmonie. C'est
> lorsque l'attention du lecteur porte sur les tics
> d'écriture que le rédacteur a perdu son pari. Il est
> alors trop tard. Le texte fuit de toutes parts, et le
> charme est rompu* (1998 : 200).

Le rythme du texte est conditionné d'abord par
le souffle des phrases et la longueur des paragraphes.
Pelletier reconnaît apporter toujours beaucoup
d'attention au « rythme de lecture induit par le
découpage des paragraphes » (2002 : 139).

Quelques phrases plutôt longues pourraient être
suivies d'une autre constituée d'un seul mot. Si les
phrases déclaratives seront toujours plus nombreuses
dans un texte, il ne faut pas se priver d'utiliser des
tournures interrogatives, impératives et exclama-
tives. Pour éviter que le lecteur ne s'ennuie, on doit
chercher à le surprendre, à l'étonner, à le charmer, à
le faire sourire. Toutes les phrases d'un texte ne peuvent contenir une grande charge émotive. Si on veut

faire pleurer ses lecteurs, on doit bien préparer ses effets, faire monter l'émotion, l'atténuer, la contenir, puis y aller à fond de train.

Le rythme du texte repose également sur l'alternance des passages narrés et dialogués, l'enfilade des chapitres, la rapidité ou la lenteur des informations divulguées au fil des pages. Si le récit qu'un auteur est en train d'écrire l'ennuie, c'est que le rythme n'est pas bon, que l'histoire n'en vaut pas la peine ou qu'il doit le déposer rapidement dans un tiroir pour quelque temps.

La ponctuation confère aussi un souffle particulier au texte. Même si l'écrivain doit se conformer aux normes en vigueur, certaines règles sont subjectives. De grands écrivains ont cherché par toutes sortes de moyens à déjouer les principes de la bonne ponctuation. Céline, notamment, plaçait des points de suspension aux quatre ou cinq mots… L'attrait de l'originalité ne doit cependant pas se faire au détriment de la bonne réception du récit, sinon personne n'en prendra connaissance, et l'auteur prêchera dans le désert. À lui de bien évaluer les conséquences qui découlent de ses écarts normatifs.

En période d'écriture, il n'est pas rare que le ton d'un texte prenne quelques chapitres avant de s'installer. À un moment ou à un autre, l'auteur devra reprendre les premiers chapitres rédigés afin de leur donner la même coloration. Lorsque l'on sait où aller, les corrections, si considérables qu'elles paraissent, sont relativement aisées à effectuer.

Le style, c'est l'utilisation singulière qu'un auteur fait de la langue et des composantes du récit ; c'est l'éclairage qu'il projette sur ses personnages ;

c'est son interprétation du réel. L'écriture est un acte de liberté totale, tributaire cependant des choix effectués dès les premiers mots de l'histoire. Celui qui cherche à rejoindre le plus vaste public possible limitera ses écarts stylistiques. Celui qui désire écrire un roman poétique d'avant-garde prendra davantage de risques par rapport aux normes langagières, littéraires et sociales.

Le désir d'écrire ouvre un espace infini. Commencer à écrire, c'est restreindre peu à peu, par les règles et contraintes que l'écrivain s'impose, cet univers pour lui donner une forme tangible et un sens original.

Mais écrire n'est pas une activité simple qui se déroule aisément sous le regard d'une muse médusée. L'écrivain doit travailler avec acharnement et revoir toutes ses pages un nombre incalculable de fois.

Je corrige les phrases boiteuses.
Je bouche les trous béants dans
le récit. Je donne un peu plus de
substance aux personnages.
[…] J'en remets partout où je
peux en remettre. J'en enlève
un peu aux endroits où j'en
avais beaucoup trop mis. […]
Je polis encore en me rappelant
ce phénomène littéraire qui
défie les lois des mathémati-
ques : si vous enlevez 5 % des
défauts d'un roman, celui-ci se
trouve amélioré de 50 %.

François Barcelo,
En toute liberté.

2.11 VINGT FOIS SUR LE MÉTIER, REMETTEZ VOTRE OUVRAGE !

Relire ses textes, version après version, voilà une
des activités les plus récurrentes du travail d'écriture.
Loin d'être linéaire, ce travail porte sur les mots, les
expressions, les thèmes, le rythme, les sonorités, les
images et les composantes du récit. L'écrivain devrait
toujours s'y employer avec la même attention puisque la qualité du texte produit en dépend.

2.11.1 INSPIRATION OU TRANSPIRATION ?

Dans les ateliers d'écriture, il arrive que des participants très créatifs refusent de retravailler leurs
textes en évoquant moult prétextes qui, finalement,
sont davantage liés à leur manque d'expérience qu'à
leurs croyances. Les plus naïfs affirmeront qu'un

texte surgit spontanément de l'inconscient dans son
état définitif. À l'opposé, des participants plus normatifs auront souvent tendance à travailler leurs
textes trop tôt, empêchant leur imaginaire d'agir.

> [D]*eux écoles s'affrontent : les partisans du
> premier jet et ceux du « re-travail ». Les premiers
> tendent à privilégier l'inspiration (venue des hau-
> teurs du ciel ou, « modernement », des profon-
> deurs de l'inconscient), la « pure spontanéité créa-
> trice » – qui selon eux ne peut jamais (se)
> tromper – ou la « totale indépendance » de l'écri-
> vain seul-maître-à-bord-de-son-texte. […] Mais
> étant donné l'existence difficilement niable des
> contraintes externes et internes, de tout ce qui vient
> parasiter la « pure spontanéité » de l'écriture, il me
> semble plus prudent d'en tenir compte, d'essayer
> donc de prendre du recul par rapport à son texte et
> d'en envisager certaines retouches* (Vonarburg,
> 1986 : 19).

Audet, qui reconnaît la dynamique du processus
de création, remet catégoriquement en question
l'existence du premier jet :

> *Disons d'abord que le premier jet n'existe pas,
> puisque cette première trace écrite n'est première
> en rien du tout. Elle a été précédée d'un énorme
> travail conscient et inconscient qui a déjà trans-
> formé des matériaux préexistant au thème traité,
> préexistant au sujet écrivant lui-même : tout ce qui
> appartient à la langue notamment n'a pas attendu
> que je vienne au monde pour se manifester, et tout
> ce qui appartient à la forme du thème n'a pas
> attendu que j'écrive pour s'organiser* (1990 : 135).

Des idées surgies de l'imaginaire au manuscrit
final à remettre à l'éditeur, le texte se bonifie, prend

du volume et se met lentement en place. Cette progression ne suit malheureusement pas une ligne droite, mais emprunte un chemin qui ressemble davantage à une spirale. Sans revenir constamment sur ses pas, l'écrivain reprend certains passages, les améliore, en coupe certains, en compose de nouveaux qu'il intègre aux précédents. Selon le diagnostic qu'il pose, il adoptera des stratégies de travail du texte différentes. Il s'agit surtout d'éviter le piège des multiples versions sans autocritique qui ne font que déplacer les problèmes !

Si le recours à des lecteurs éclairés constitue une aide précieuse pour l'écrivain, les remarques et commentaires qu'il en attend varieront en fonction de l'état d'avancement de son texte. Voici trois exemples (Guy, 1995) qui permettent de saisir comment le texte progresse et quel type d'aide l'écrivain a besoin pour poursuivre son travail de réécriture.

Imaginons tout d'abord que l'écrivain a jeté sur papier les grandes lignes de son texte et qu'il s'apprête à écrire la première version complète. Il en est à la conception. Lorsqu'il lira son texte, il notera les éléments à modifier, tant sur le plan du récit que de l'écriture. Peut-être même sera-t-il obligé de supprimer des événements et d'en ajouter d'autres. Il devra, pour effectuer un travail du texte adéquat, d'une part, se servir des notions de créativité qu'il maîtrise pour y ajuster son histoire, et d'autre part, relever les éléments à transformer dans son écriture. En atelier, inutile de donner des commentaires évaluatifs à l'écrivain. Il a plutôt besoin d'une lecture-miroir – se faire raconter son propre récit – pour voir son texte, de questions pour lui permettre de préciser certains épisodes et de commentaires constructifs pour cerner les points forts de son texte.

Envisageons maintenant le cas d'un écrivain qui achève sa cinquième version de texte. Cette fois, l'histoire se lit bien du début à la fin ! Il en est aux premières écritures. En relisant son texte après l'avoir laissé refroidir, c'est-à-dire mis de côté pendant quelque temps, il retrace ses forces d'écriture et ses intentions. Son texte comporte encore quelques maladresses d'écriture et un ou deux épisodes à modifier, sans plus. Par contre, comme il déteste de plus en plus la fin de son texte, il décide de la changer, ne serait-ce que pour lui-même. Son travail du texte tiendra compte de son autocritique. En atelier, il pourrait tirer profit de questions lui permettant de préciser la fin de son texte ainsi que des commentaires évaluatifs des participants.

Examinons enfin le cas d'un écrivain qui aimerait présenter son texte à trois maisons d'édition parce qu'il croit qu'il pourrait entrer dans l'une ou l'autre des collections qu'elles offrent au public. Il achève son manuscrit. En effet, il a assez travaillé le récit et l'écriture de ses textes pour en être relativement satisfait. Il a appris à s'en distancier pour en faire l'autocritique. En revanche, il constate que certains passages de son texte comportent un vocabulaire encore trop hermétique pour les maisons d'édition qui l'intéressent. Il prévoit donc effectuer des modifications en tenant compte de leurs politiques éditoriales. Son manuscrit sera bientôt prêt ! En atelier, il demande à l'animateur et aux participants une critique plus sévère de ses textes, d'autant plus qu'il est maintenant en mesure de les situer par rapport aux livres publiés dans son domaine.

2.11.2 LIS TES RATURES

Les méthodes de travail d'écrivains chevronnés peuvent servir d'inspiration aux apprentis écrivains. Voici quelques exemples qui sauront convaincre les plus récalcitrants de remettre l'épaule à la roue et de peaufiner leurs textes.

> *Véritable champion de la rature, Flaubert reprenait de cinq à quinze fois la même page pour obtenir la version définitive qu'il jugeait digne d'être imprimée, et certains passages de* Madame Bovary *ont exigé jusqu'à soixante réécritures successives. À force de développer ses premiers jets en collant des paperoles à ses manuscrits, Proust, les doigts tachés d'encre, finissait quelquefois par fabriquer des pages de plus de deux mètres de longueur. En couvrant de ratures et d'ajouts marginaux de grands placards imprimés, Balzac, pour aller plus vite, écrivait à même les épreuves typographiques, en faisant réimprimer jusqu'à vingt fois son récit en constante expansion. Zola accumulait les plans, les programmes, les noms, les titres et les dossiers d'enquête, Giono multipliait, pour le plaisir physique d'écrire, les pages de papier jaune calligraphiées à la plume sergent-major, Perec aimait les listes, les schémas et les organigrammes…* (De Biasi, 2001 : 96).

En fait, les corrections stylistiques n'ont pratiquement jamais de fin. On peut toujours réécrire une phrase, changer un mot, ajouter un élément gestuel, préciser une odeur… Divers guides et ouvrages

normatifs fournissent l'information nécessaire pour
venir à bout des pires maladresses stylistiques.

Lorsqu'il s'agit de passer d'une version de texte
à l'autre, différentes opérations peuvent être effectuées. Jean-Paul Simard en privilégie cinq :

> *Il existe plusieurs techniques pour travailler la
> phrase. Aucune à notre point de vue n'est aussi
> efficace que celle des cinq opérations linguistiques :*
> **l'addition, la soustraction, la permutation, la
> substitution** *et* **la transformation.** *Ces opérations
> permettent, à un haut degré, le perfectionnement
> de l'expression écrite en général, parce qu'elles
> interviennent dans le processus même de l'écriture*
> (1984 : 75).

Ces opérations peuvent être effectuées non
seulement sur la phrase, mais aussi sur tout le texte.
En création littéraire, il n'est pas rare d'*additionner*
des narrations entre les dialogues, de *soustraire* des
phrases complètes qui ont un rapport de redondance
avec les précédentes, de *permuter* des événements de
place, de *substituer* les attributs d'un personnage ou
de *transformer* un début de chapitre banal en un
début plus accrocheur. Bref, en plus d'avoir des
répercussions sur le style, la clarté et la lisibilité du
texte, ces opérations affectent la narration, l'histoire,
le récit.

Highsmith suggère de se placer rapidement en
mode réécriture et d'aborder son texte avec le plus de
distanciation possible :

> *Si au cours de la première lecture, des phrases vous
> paraissent inutiles ou redondantes, n'attendez pas
> pour les supprimer, elles devront l'être de toute
> façon plus tard. Rayer une phrase d'un coup de*

> crayon vous prendra une seconde et vous permet-
> tra d'adopter la dose de désinvolture adéquate
> envers votre propre texte, que vous ne devez pas
> tenir pour sacré (1988 : 107).

Il va sans dire que les écrivains de métier savent se distancier de leur texte, déceler les problèmes d'écriture et y remédier ; d'où l'importance de poser un diagnostic sur sa propre écriture avant d'élaborer des stratégies de correction qui pourraient enliser le texte plutôt que le mettre en valeur.

Celui qui désire remplacer un mot se souviendra qu'un synonyme n'a jamais totalement le même sens que le terme d'origine. Dans le cas de phrases insatis-faisantes, la meilleure solution consiste souvent à la biffer et à repartir sur de nouvelles bases. On retien-dra que le verbe, le pivot de la phrase, est souvent le terme par lequel on doit commencer à la construire. Audet affirme à ce sujet que

> [p]our une phrase qui s'écrit, l'écrivain en laisse
> tomber dix, qui lui ont traversé l'esprit à tour de
> rôle. Et la plupart du temps, la cause du rejet réside
> dans le ton inapproprié, soit au personnage, soit au
> thème dont on est en train de tirer une histoire
> (2002 : 42-43).

L'ajout d'éléments concrets dans le texte contri-bue aussi à le rendre plus vraisemblable, plus vivant, plus percutant. Un truc vieux comme le monde consiste à lire sa phrase à voix haute pour en enten-dre toute la musicalité, s'en distancer quelque peu (lui donner une existence sonore !) et mieux perce-voir sa portée. Cette phase du processus d'écriture permet à l'écrivain de polir son style, comme le souligne Rosetta Loy.

> *En général, je travaille beaucoup la langue, en peaufinant les sonorités et le rythme, mais en visant également la clarté. Je souffre beaucoup quand je lis un livre dont l'écriture est mauvaise, et c'est pour cette raison que je donne beaucoup d'importance au travail linguistique. Au début, j'écris d'un seul trait, ensuite je retravaille et je corrige beaucoup, en faisant attention à la musicalité et à la cadence. Toutefois, depuis que j'utilise l'ordinateur, les deux phases sont moins séparées qu'avant. J'arrive quand même à trouver ma propre musicalité, qui est toujours reconnaissable, même si chaque histoire a sa tonalité propre* (Gambaro, 2001 : 103).

Ceux qui ont du mal à se détacher de leurs phrases et à en concevoir de nouvelles exprimant le même contenu auraient grand intérêt à lire les *Exercices de style* de Raymond Queneau (1947), dans lequel l'auteur présente 99 fois la même courte histoire mais sur des modes totalement différents, en s'imposant diverses contraintes d'écriture.

Quand vient le temps des corrections linguistiques, l'auteur est souvent confronté au réviseur de la maison d'édition qui le publie. Entre l'esprit créatif de l'un et l'intransigeance normative de l'autre, de virulents échanges sont à prévoir ! Voici comment Pelletier se positionne face à la délicate question de la langue, qui, au Québec, soulève encore bien des passions. Pour tout ce qui touche aux coquilles, aux fautes d'orthographe ou de grammaire, il ne s'obstine pas ; cependant en ce qui a trait aux néologismes, aux termes populaires, aux tournures de

phrases et à certains anglicismes, il prend quelques
libertés et se permet certains écarts. Il précise que
« en matière de révision linguistique, comme dans
bien des domaines, il s'agit de ne pas confondre
incompétence et créativité, respect de la langue et
stérilisation » (2002 : 154-155).

Certains auteurs conçoivent des graphiques
pour mesurer les effets rythmiques entre les descriptions et les scènes d'action, entre les passages narratifs et les dialogues, ou tout simplement pour visua-
liser la progression de l'intrigue (et vérifier comment
chaque chapitre y contribue !). D'autres fonctionnent de façon plus intuitive et se contentent de
prendre quelques notes sur le temps écoulé entre les
scènes (afin de ne pas passer indûment d'une saison
à l'autre), sur les lieux fréquentés, sur les portraits
des personnages.

Chacun développe sa méthode en fonction de
ses besoins, de son expérience, de ses exigences.
Quelqu'un qui écrit ses versions préliminaires à la
main, par exemple, se sert souvent de la saisie à l'ordinateur pour se détacher de son texte et effectuer,
avec un meilleur recul, une première révision en profondeur. Partisan de cette méthode, Pelletier explique avec moult détails la nature de ses interventions.

> [Cette révision] *concerne principalement le texte
> (réécriture générale et développement de certains
> passages) mais aussi les événements.*
> *Pour ce qui est de l'écriture, cela va de l'épuration
> des adjectifs et des adverbes, toujours trop nom-
> breux, à la clarification des référents des pronoms,
> en passant par la correction de maladresses et
> l'élimination de tics d'écriture* (2002 : 142-143).

Et il n'a pas fini ! Il procède par la suite à une réévaluation de la logique globale des événements et porte une attention particulière à la cohérence de ses personnages. Il s'assure aussi que les débuts et les fins de chapitre relancent constamment l'intérêt pour l'intrigue. Pelletier conclut que chaque « révision est ainsi un processus d'épuration du texte, d'ajustement du rythme et de clarification des situations et des enjeux » (2002 : 144).

Ceux qui écrivent directement à l'ordinateur peuvent utiliser dès le départ un logiciel de correction intégré et supprimer en cours de saisie bon nombre d'erreurs et de coquilles. Ces logiciels ne sont cependant pas infaillibles et ils soulignent parfois des mots ou syntagmes que l'auteur voudra cependant conserver tels quels. Les contraintes physiques de l'écran obligent l'écrivain à imprimer à maintes reprises son texte s'il veut le consulter dans toute son étendue. L'informatique simplifie dans un sens le travail de réécriture de l'écrivain (il peut changer le nom du personnage principal dans sa brique de 500 pages d'un simple clic), mais ne diminue pas vraiment le temps consacré à l'élaboration du manuscrit.

Dans un roman, les derniers épisodes d'une histoire doivent clore tous les éléments du récit. Le verrouillage d'un texte se révèle une étape essentielle, comme l'indique Vonarburg :

> [S]i l'on souscrit à l'opinion qu'un texte doit être un tout complet, bien clos sur lui-même, la dernière *phrase*, le dernier paragraphe, ou le dernier chapitre de l'histoire sont importants parce que c'est là que finit l'histoire, ce sera la dernière

> *impression qu'emportera le lecteur, et qu'il*
> *conservera…* (1986 : 117).

Comment savoir que le travail de réécriture est fini ? Question embêtante s'il en est une, puisqu'on n'en est jamais tout à fait certain. Nathalie Sarraute confiait à Richard Salesses :

> *Vous savez, j'arrive à un moment où j'ai l'im-*
> *pression d'abord que j'en ai assez. C'est le moment*
> *où j'ai envie de m'arrêter, et puis j'ai l'impression*
> *que c'est comme une phrase musicale qui s'éteint*
> *ou qui se termine, et que je ne peux pas continuer.*
> *À un moment donné, je m'arrête. Tout ça est très*
> *instinctif, ce n'est pas délibéré. Rien n'est jamais*
> *délibéré* (Major, 1997 : 261-262).

On met un terme au texte lorsqu'on a l'impression de ne plus pouvoir l'améliorer ou parce qu'on en a tout simplement marre ou qu'un nouveau projet d'écriture pointe à l'horizon. Et il faut bien un jour remettre son manuscrit à l'éditeur (lequel a ses propres contraintes professionnelles : date de tombée, comité de lecture, conception du livre, distribution, promotion, etc.), qui se chargera, s'il est consciencieux, de suggérer à son tour d'autres corrections avant d'envoyer le tout chez l'imprimeur.

Pourquoi déployer tant d'efforts ? Parce que « […] si les lecteurs ne comprennent pas ce que vous avez écrit, ce n'est pas leur faute, c'est la vôtre », comme le soutient avec justesse Barcelo (2001 : 65). Vaut mieux prévenir que de compter sur une réédition pour clarifier certains passages… Puisque l'auteur ne sera pas debout, derrière l'épaule de chaque lecteur, pour lui faire part de ses intentions initiales, son texte doit se suffire à lui-même et défendre seul l'histoire qu'il a imaginée, en commençant par un titre pertinent et accrocheur.

Si certains écrivains trouvent le titre de leurs romans avant d'en avoir rédigé une seule ligne, d'autres n'y parviennent jamais et demandent à leur éditeur de leur en proposer quelques-uns. Stachak indique que

> le titre s'écrit généralement lorsqu'on a tout le corps du texte et, quelle que soit la nature des écrits, doit donner envie de rentrer plus avant dans le texte. Il doit être le miroir du style, du ton, et contenir, en quelques mots, l'intrinsèque, l'essence de « l'œuvre » (2004 : 339).

Il s'agit souvent de quelques mots, particulièrement évocateurs, extraits du texte. Il peut être poétique, ludique, énigmatique, descriptif… Les personnes moins inspirées peuvent s'amuser, à temps perdu, à constituer une liste de titres potentiels qu'ils bonifieront, au fil du temps, et à partir de laquelle elles pourront tenter toutes sortes d'amalgames d'une proposition à l'autre. Peu importe qui le suggère, un titre finit toujours par orner la couverture d'un livre.

Écrire ne se fait pas toujours le sourire aux lèvres ! L'écrivain traverse des périodes marquées par le découragement et l'absurdité de son entreprise. Ses états d'âme le conduisent, un jour, au septième ciel et, le lendemain, en enfer. Il ne doit pas s'en faire, la majorité des écrivains connaissent de telles fluctuations émotives.

> Ce sont des émotions de cet ordre, très subtiles, très profondes, très charnelles, aussi essentielles, et complètement imprévisibles, qui peuvent couver des vies entières dans le corps. C'est ça l'écriture. C'est le train de l'écrit qui passe par votre corps. Le traverse. C'est de là qu'on part pour parler de ces émotions difficiles à dire, si étrangères et qui néanmoins, tout à coup, s'emparent de vous.
>
> Marguerite Duras,
> *Écrire.*

2.12 LA TRAVERSÉE DES ÉMOTIONS

Les premières écritures d'un texte de création entraînent l'écrivain hors du temps et de l'espace, dans un univers où il fait corps avec les mots pour évoluer dans une autre dimension. Il oscille sans cesse entre la frontière du réel et celle de la fiction. En donnant vie aux personnages qui s'animent par procuration, il prolonge ses propres mouvements. Autant l'écrivain souhaite que cet état psychotique, à la fois euphorisant et dangereux, se présente, puisqu'il est catalyseur de création, autant il le fuit de peur de plonger à son insu dans la folie.

Ancrée dans le corps de l'écrivain, l'écriture permet à des éléments inconscients de surgir. Cela se vérifie chaque fois que l'écrivain se relit et découvre des éléments dits mais non réfléchis, des phrases qui

l'étonnent, le désemparent, le laissent là, seul, avec
cette peur bien légitime, issue du pouvoir des mots.
Pelletier croit que l'inconscient s'exprime dans
l'écriture « de façon détournée, à travers les répéti-
tions, les non-dits, les transpositions, les récur-
rences… Autrement dit : à travers ce qui insiste »
(2002 : 53). L'écriture ouvre en fait une boîte de
Pandore.

> *Ça rend sauvage, l'écriture. On rejoint une sauva-*
> *gerie d'avant la vie. Et on la reconnaît toujours,*
> *c'est celle des forêts, celle ancienne comme le temps.*
> *Celle de la peur de tout, distincte et inséparable de*
> *la vie même. On est acharné. On ne peut pas écrire*
> *sans la force du corps. Il faut être plus fort que soi*
> *pour aborder l'écriture, il faut être plus fort que ce*
> *qu'on écrit. C'est une drôle de chose, oui. C'est pas*
> *seulement l'écriture, l'écrit, c'est les cris des bêtes de*
> *la nuit, ceux de tous, ceux de vous et de moi, ceux*
> *des chiens* (Duras, 1993 : 29).

De cette écriture naît le texte qui respire, qui
possède sa propre identité et qui, au moment de la
lecture, provoque parfois chez l'écrivain une vive
déchirure.

Pour certains, l'écriture est plus qu'une passion,
c'est une façon de vivre et de survivre, comme l'explique Marie-Claire Blais : « L'écriture est un besoin,
un désir de communiquer, ponctué de périodes de
réflexion et de silence. L'écriture isole, tourmente.
Parfois, il faut mettre la plume de côté, observer les
gens, vivre parmi eux » (Smith, 1983 : 136).

Bruno Roy, un orphelin de Duplessis, fait le
troublant constat suivant :

> *Certains écrivent contre la famille, d'autres contre*
> *l'autorité ; moi, j'écris, je le sais maintenant,*
> *contre l'absence de sens qu'a été mon enfance.*
> *J'écris en tuant ce qu'on m'a imposé, enfant :*
> *l'anonymat. Quand j'écris, j'existe. Je peux faire*
> *alors le deuil de tous mes abandons. Cela est*
> *nécessaire comme pour toute mort* (2003 : 62-63).

Le drame de l'écrivain, c'est de constater son incapacité à écrire ultimement les mots qui porteraient tous les sens, autant ceux que l'on reconnaît que les autres, menaçants, qui tentent de surgir dans le désordre le plus total, sans qu'il ait le temps de les recouvrir de style pour les masquer avant de les donner à lire.

Rosetta Loy insiste également sur les effets corporels de l'écriture.

> *L'écriture* […] *est fatigue et souffrance. Lorsqu'elle*
> *ne vient pas facilement, je souffre beaucoup. En*
> *outre, pendant les périodes où je suis en train*
> *d'écrire, à la fin de la journée je suis physiquement*
> *épuisée.* […] *Heureusement, l'écriture est égale-*
> *ment à l'origine de moments de plaisir* […]
> (Gambaro, 2001 : 101).

Angoisse et exaltation, voilà de quoi affoler plus d'un auteur… Selon Pelletier, deux qualités sont essentielles à tout écrivain : « Il faut vraiment un très curieux mélange d'humilité sincère et d'orgueil insensé pour persévérer dans l'écriture après un séjour de quelques heures dans une bibliothèque où sont rangés les livres de tous les auteurs qu'on admire » (2002 : 59-60).

2.12.1 LA MACHINE S'ENRAYE

Pour de multiples raisons, certains textes sont plus difficiles à écrire que d'autres. Des blocages affectifs, par exemple, risquent d'empêcher l'écrivain de commencer un récit : il additionne les ratures ou efface tout au fur et à mesure qu'il écrit. L'autocensure fonctionne alors à plein régime. C'est à ce moment que surgit le trac devant la page blanche. Et pourtant, malgré le cauchemar de la panne sèche qui le poursuit, l'écrivain persistera. Dans son livre sur les ateliers d'écriture, Lafleur signale que

> [r]ien n'est plus difficile que de commencer. En toute chose, l'idée d'entreprendre favorise l'angoisse, puis la paresse, enfin le désespoir... Le cerveau est paresseux et ne demande pas mieux que de s'accrocher à une chose moins difficile que de composer. Rejetez la délibération, l'angoisse. Écrivez tout de suite. L'on est perdu quand on hésite. On devrait écrire comme on cause. Je le répète, un mot en appelle un autre. Il faut brusquer et supprimer autant qu'il se peut la mise en train (1980 : 57).

À moins, bien sûr, que les blocages ne soient trop importants. En écriture, le stress excessif, le perfectionnisme, l'impatience, le découragement, les attitudes négatives, la peur de l'échec, le mépris du rêve, les idées préconçues, la faible motivation peuvent entraîner la crainte de la page blanche, la panne sèche ou le manque d'imagination. À l'opposé, le besoin d'actualisation de soi, l'autonomie, le goût du risque, le sens de l'aventure, l'indépendance de jugement, la confiance, la capacité de supporter l'incertitude, l'implication, le souci d'améliorer les choses, la curiosité, les intérêts variés, l'acceptation des différences, les objectifs de changement, la capacité de travailler seul ou en équipe peuvent devenir des catalyseurs dans le travail de l'écrivain.

À partir du moment où l'écrivain constate qu'il a de la difficulté à produire un texte, trois voies s'ouvrent à lui : la première consiste à s'acharner devant la page blanche dans un travail stérile, puis de jeter ses textes ; la seconde se concrétise par l'abandon momentané de l'écriture pour passer à l'incubation, c'est-à-dire laisser le texte mûrir ; enfin, la dernière privilégie le travail créateur par strates successives en gardant contact avec la langue comme matériau, mais sans devoir à tout prix aboutir à un texte. Cette troisième option se traduit par la production de textes par défaut, qui précèdent, par leur essence même, les premières écritures.

Si l'écrivain ne dispose que de la description d'une scène alors qu'il souhaiterait un texte parfait, déjà écrit, il ferait mieux de se contenter de cette description, car c'est à partir d'elle qu'il poursuivra son travail. S'il obtient autre chose de plus élaboré, qu'il jette sa description ! En somme, le travail par strates successives engendre des textes qui prennent forme lentement, évitant ainsi à quiconque de se retrouver devant un vide stérilisant.

Tous ne réagissent pas de la même façon. Arnon Grunberg, par exemple, possède une attitude plutôt pragmatique face à son métier.

> Je ne suis pas familier de l'angoisse dite de la page blanche. Pour moi écrire n'est pas attendre un miracle ou l'inspiration ou quoi que ce soit. Écrire, c'est m'asseoir derrière mon bureau et commencer

> *à écrire : c'est-à-dire travailler. Une page blanche*
> *est innocente, elle ne peut provoquer de l'angoisse !*
> *La seule cause de l'angoisse ce sont les autres et*
> *vous-même bien sûr. Mais à mes yeux, l'angoisse*
> *est une chose positive. Sans aucun doute. Avec ou*
> *sans littérature* (Marin La Meslée, 2003 : 24).

2.12.2 LE TEXTE VOLE DE SES PROPRES AILES

Mettre un point final à son texte ne va pas de soi, comme l'indique le psychanalyste français Didier Anzieu.

> *La résistance inconsciente revient en force avec le*
> *cinquième et dernier moment du travail de la*
> *création : déclarer l'œuvre terminée, la détacher*
> *définitivement de soi, l'exposer à un public, affronter les jugements, les critiques – ou pire encore,*
> *l'indifférence –, accepter pour elle de n'avoir*
> *qu'une vie éphémère, ou cet autre risque, qu'elle*
> *mène désormais sa vie propre, différente de celle*
> *que l'auteur avait espéré mettre en elle* (1981 :
> 127).

La résistance inconsciente de l'écrivain s'opère effectivement, puisque à la question « Que vous inspire le mot "FIN" ? » posée par le journaliste français Jean-Luc Delbat (1994) à dix-huit écrivains reconnus, la plupart intègrent à leur brève réponse du non-dit sous forme de points de suspension et d'exclamation. Les écrivains interviewés éprouvent soit du soulagement (contentement), soit de l'angoisse (inquiétude, tristesse, déchirement) devant leur manuscrit et ils anticipent favorablement ou non la diffusion de leur œuvre. Ils associent le mot fin à un état plutôt qu'à un résultat contrairement

aux participants des ateliers d'écriture, peu expé-
rimentés, qui ignorent s'ils sont capables de mener à
bien un projet d'écriture et qui sont très sensibles à
leur propre démarche de créateur.

Avant de pouvoir indiquer le mot « fin », l'écrivain doit avoir répondu à trois questions fondamen-
tales. D'abord, en ce qui a trait au savoir : son
histoire est-elle complétée ? Tisseyre note avec pertinence que « c'est une œuvre terminée et non ébau-
chée » (1993 : 122) qu'il faut soumettre à un éditeur.
Ensuite, en ce qui a trait au savoir-faire : tous les
épisodes du récit ont-ils été fermés ? Vonarburg propose une démarche fort simple à tous ceux qui
auraient du mal à clore leurs multiples intrigues :

> *L'élaboration de toute histoire et de son récit
> résulte donc d'un processus décisionnel plus ou
> moins conscient, qui est, malgré les apparences, un
> processus d'éliminations successives. Jusqu'à ce
> qu'on se retrouve devant une alternative claire où
> le choix ultime va désigner la fin de l'histoire
> (1986 : 150).*

Enfin, concernant le savoir-être : l'écrivain
peut-il continuer à vivre sans ses personnages et
accepter le sort réservé à sa création ? L'auteur doit
faire en quelque sorte le deuil de son récit, comme le
constate Brulotte :

> *Autre forme de dépossession : si l'écrivain se sent
> rejeté quand il n'a pas de lecteurs, en revanche si
> on le lit, il peut être en butte à l'incompréhension
> ou à la distorsion. Déjà les lecteurs peuvent donner
> le sens qu'ils veulent à ses écrits, si éloigné qu'il soit
> de ses intentions. Ensuite au nom d'une idéologie,
> par exemple, on peut déclarer tel écrivain nuisible*

> *et donc le réprimer, le faire taire, le bannir, dé-*
> *truire ses livres* (2003 : 53-54).

Une fois publié, le texte en effet échappe à son auteur. Il entre dans le circuit féroce du marché du livre avec des milliers d'autres histoires. En parlera-t-on dans les journaux et revues ? Sera-t-il bien en vue dans les librairies et bibliothèques ? Sera-t-il reçu comme le souhaite l'écrivain ? Il se peut que les critiques détournent le sens de son œuvre et lui donnent une interprétation imprévue. L'auteur ne pourra rien y changer. Son texte ne lui appartient plus, il vole de ses propres ailes. On gardera en mémoire que toute critique, toute remarque, toute manifestation est préférable à la tyrannie du silence. Et rien ne vaut un cinq minutes étincelant lors d'une émission de variétés à la télévision pour mousser les ventes d'un livre !

Peut-on apprendre à réagir à une mauvaise critique ? Face à une recension dévastatrice de son livre, il est rare qu'un écrivain développe une flegmatique indifférence. Au contraire, la moindre allusion défavorable blesse habituellement cet être ultra-sensible ! Sans jouer à l'autruche, l'écrivain peut d'abord prendre un certain recul, puis tenter d'intellectualiser cette épreuve. Qui est ce critique malveillant ? Est-il crédible, honnête, respectueux ? Les arguments qu'il avance pour étayer son point de vue sont-ils valables, sérieux, constructifs ? D'autres ont-ils soulevé les mêmes réserves ? La critique est-elle partagée ou unanime ? Le temps arrange les choses, dit-on, et ce ne sont pas de mauvaises critiques qui vont mettre un terme au désir du véritable écrivain de reprendre la plume. Peut-être laissera-t-il l'eau couler sous les ponts, peut-être changera-t-il de genre littéraire ou ciblera-t-il un autre public ? Chose certaine, il se commettra à nouveau. L'écrivain doit garder à l'esprit qu'il ne peut plaire à tous et à son père.

Un projet littéraire d'envergure prend habituellement quelques mois, sinon quelques années, avant d'aboutir. Il est presque illusoire de croire que le désir d'écrire et l'euphorie des premiers moments perdureront durant tout le processus d'écriture. L'écrivain traverse des phases difficiles, des périodes peu productives, durant lesquelles il a l'impression de travailler pour rien, de perdre son temps, de tourner en rond. S'atteler à la tâche devient de plus en plus ardu. L'écrivain se met à broyer du noir, à dévaloriser son projet, à douter de ses capacités. Il doit cependant persévérer. Les rituels d'écriture et les habitudes de travail prennent alors tout leur sens et leur utilité.

> Au-delà du jeu littéraire, les contraintes formelles, de la même façon que les rituels obsessionnels, pourraient bien avoir une fonction de « lien », pour empêcher directement tout ce que l'apparition de l'angoisse délie (angoisse de séparation, angoisse de mort) (Verlet, 2003 : 24).

Après cette traversée du désert, l'enthousiasme et le plaisir d'écrire reviennent généralement avec plus d'intensité et permettent à l'écrivain de terminer son manuscrit de façon presque sereine.

Certains auteurs écrivent sans relâche : ils ont toujours des manuscrits dans leurs tiroirs et planchent parallèlement sur plusieurs histoires. D'autres ne peuvent écrire qu'un livre à la fois et ne passeront pas à un autre projet tant que leur manuscrit ne sera pas publié. Quelques-uns produisent à un rythme très lent et ont besoin de plusieurs années de silence avant de recommencer à écrire. De multiples facteurs déterminent les trajectoires de chacun. Écrire est-il un métier unique ? L'écrivain accepte-t-il des textes de commande (radio, télévision, revues, traduction, etc.) ? Enseigne-t-il ? Rédige-t-il des manuels scolaires ? Travaille-t-il pour une boîte de pub ? Doit-il faire de longues recherches historiques avant de prendre la plume ? Quel genre littéraire affectionne-t-il ? Le champ littéraire regorge d'écrivains au profil différent, à chacun de trouver celui qui lui convient le mieux !

Et même pour ceux qui ont publié des dizaines de livres, la partie n'est jamais gagnée d'avance ; le doute les assaille, la dure réalité les rattrape. Daniel Gagnon, par exemple, avoue bien humblement être à bout de ressources et sur le point de baisser les bras.

> *En fait, je ne sais plus si je devrais continuer à écrire, car je ne réussis pas à m'imposer, à franchir la barrière. Le marché est petit, grugé par les assauts des littératures françaises et américaines réunies. L'écrivain a besoin de reconnaissance, car même dans sa propre maison, son statut est bien fragile, et parfois inexistant, on se demande toujours, quand on le voit écrire et alors que les dettes s'accumulent, à quoi il peut bien perdre encore son temps* (2003 : 119).

Mistral, qui a aussi vécu des moments difficiles, nous ramène à sa façon au désir d'écrire, à ce feu

intérieur qui démange l'écrivain et qui lui fait supporter tous les sacrifices.

> *Il faut jouir d'un ego capable de vous nourrir, de
> vous soutenir en période de disette, parce qu'un
> écrivain passe des mois sur un job sans chèque de
> paye hebdomadaire pour valider ses efforts, sans
> tape dans le dos, et que de toute façon l'ultime
> jugement ne peut venir que de lui, ne doit venir
> que de lui* (2003 : 81).

Et la boucle est bouclée.

3

LE COMPTOIR

Écrire ou ne pas écrire, voilà la
question !

(pastiche d'une phrase célèbre)

Après s'être essuyé les pieds sur le tapis disposé
à l'entrée, le participant à l'atelier d'écriture extirpe
de son sac de cuir usé son carnet, son crayon et quelques livres qu'il a apportés. Puis il pénètre, hésitant,
dans la boutique, où il est accueilli chaleureusement
par le maître artisan.

Le participant tient ses effets personnels de la
main gauche, tandis que, de la droite, il tâte les items
de l'écriture et du récit disposés sur les deux grands
étalages de l'atelier. Il découvre des objets répondant
à ses interrogations et d'autres plutôt inattendus. Le
maître artisan le présente aux participants qui
avaient franchi le seuil de l'atelier peu avant lui. Des
discussions prennent ainsi forme dans une atmosphère détendue et stimulante. Les commentaires
portent sur l'ensemble de la marchandise, et on ne
voit pas le temps filer !

Mais vient le moment où le groupe doit se sépa-
rer. Comme le participant veut achever son projet, il
passe une commande au comptoir en ajoutant sur sa
liste des éléments auxquels il n'avait pas pensé. Les
bras chargés de suggestions de lectures, d'éléments
sur l'écriture et de composantes du récit, il se rend, à
l'invitation du maître artisan, dans l'arrière-
boutique.

Là, c'est la révélation ! Sa démarche d'écriture
prend tout son sens. Le maître artisan lui remet un
parchemin où sont imprimés *liberté de pensée* et

légitimité d'écrire. Le participant se promet de revenir sous peu dans ce lieu inspirant. Il profite de l'occasion pour jeter un œil à l'entrepôt, où il entrevoit des montagnes de lectures possibles et des cartes indiquant des dizaines d'autres ateliers. Cela le rassure. S'il le veut, il pourra dénicher tout ce dont il a besoin pour mener à terme son manuscrit. Il récupère sa commande et, avant de quitter l'atelier, décide de joindre sa signature aux centaines d'autres qui ornent déjà la vitrine.

Encore tout ému, le participant va s'asseoir sur un banc de parc, à l'ombre d'un saule centenaire. Il se remémore toutes ses questions de même que celles des autres apprentis. Il se demande aussi, dans le cas où il retournerait à l'atelier, quelles questions il y apporterait. Son cerveau ne cesse donc jamais de fonctionner ! Le sourire aux lèvres, le participant reprend sa plume. Un oiseau, perché sur une branche basse, le regarde noircir ses feuilles.

Atelier, lieu d'écriture

√ Existe-t-il plusieurs types d'ateliers d'écriture ?

√ Devient-on écrivain en suivant des ateliers d'écriture ?

√ Que faire ? Tous les participants de l'atelier lisent leurs premiers jets. Moi, quand je pense que j'aurai à lire mon texte devant les autres, je fige et je ne peux absolument rien écrire.

√ J'ai envie d'écrire à partir d'une expérience personnelle, mais je n'arrive pas à dépasser trois pages. Comment y parvenir ?

√ Peut-on continuer à écrire sans souhaiter être publié ?

Atelier, lieu de lecture

√ Je n'ai pas beaucoup lu, mes connaissances littéraires sont très limitées : puis-je tout de même écrire ou devrais-je combler ces manques en premier lieu ?

√ Je n'arrive pas à choisir mes lectures dans tous ces livres qui se publient annuellement. Comment savoir quoi lire ? Dois-je me fier aux critiques littéraires des divers journaux ?

√ Je ne me reconnais dans aucune tendance littéraire actuelle et je crains l'anachronisme : ce blocage m'empêche d'écrire. Que faire ?

√ Doit-on s'initier à la littérature québécoise en commençant par les classiques ?

√ Doit-on absolument suivre les modes littéraires si l'on souhaite publier ?

Désir d'écrire

√ Je veux écrire un roman, mais je ne sais pas sur quoi écrire. Comment puis-je me trouver un sujet ?

√ On dirait que j'essaie d'imiter mes auteurs préférés. Est-ce une bonne façon d'apprendre à écrire ?

√ Comment peut-on penser être original après des siècles et des siècles de littérature ?

√ Dans un roman, doit-on parler uniquement de ce que l'on connaît bien (par exemple, ne pas situer une histoire en milieu médical si l'on ne travaille pas dans le domaine de la santé) ?

√ Puis-je voler des éléments d'histoire à la vie des gens que je connais ? Jusqu'où puis-je aller ? Dois-je obtenir des permissions ?

Imagination

√ D'où vient l'inspiration ? Peut-on la provoquer « sur commande » ?

√ J'écris énormément mais je ne suis pas capable d'inventer. Y a-t-il des exercices qui pourraient m'aider à développer mon imagination ?

√ Certains jours, je n'écris pas ; certains jours, j'écris à une vitesse folle. Est-ce normal ?

√ Quels sont les rituels d'écrivains qui « fonctionnent » ? Existe-t-il des trucs ?

√ J'écris tous les jours mais, chaque fois, je ne garde que quelques lignes de toutes les pages que je noircis. Comment puis-je être plus efficace ?

Plan

√ Est-ce préférable de faire un plan avant de commencer à écrire ou de découvrir l'histoire à mesure ?

√ Doit-on décider d'avance d'écrire un roman réaliste (ou fantastique ou de science-fiction ou policier ou onirique) ou peut-on laisser l'écriture se rendre là où elle veut ?

√ Je n'ai pas de sujet ni d'idée d'histoire en particulier, mais j'ai un personnage qui me fascine. Puis-je commencer à écrire un roman à partir du personnage ?

√ Je connais le début et la fin, mais le milieu, comment l'écrire ?

√ Doit-on connaître dès le départ tous les personnages qui figureront dans le roman ?

Style

√ Comment acquiert-on un style ? Comment développer un style ? Comment améliorer son style ?

√ J'écris rarement deux textes dans le même style : est-ce parce que je n'ai pas trouvé ma voix ou puis-je accentuer ce paradoxe ?

√ Jusqu'où peut aller l'intertextualité ? Quand commence le plagiat ?

√ Le ton de mon roman a changé en cours de route. Dois-je le recommencer à partir du début ?

√ Pour savoir si le rythme est bon, puis-je me fier à la lecture à voix haute ? Puis-je me fier à l'émotion que j'éprouve à la lecture de mon propre texte ?

Réécriture

√ Comment concilier la spontanéité du premier jet et la réécriture ?

√ Comment savoir s'il y a des paragraphes à couper, des passages inutiles, des phrases redondantes ?

√ N'est-il pas dangereux, à trop retravailler un texte, de perdre son « essence » ?

√ Quel est le véritable rôle du lecteur ? Comment faire travailler mon lecteur ?

√ Je sais que la réécriture et la correction demeurent primordiales : devrais-je attendre d'avoir en main une première version complète ou plutôt réécrire au fur et à mesure ?

Émotions

√ Est-ce possible ? Depuis que j'écris, je ne peux plus lire de la même façon !

√ Comment se fait-il que certains lecteurs aient lu, dans mon livre, exactement le contraire de ce que je voulais dire ?

√ J'ai un blocage parce que j'ai déjà récolté de mauvaises critiques. Que puis-je faire pour continuer à écrire ?

√ J'écrivais mon autobiographie et j'ai découvert que j'aimais mentir. Est-ce grave ? Puis-je utiliser des éléments que je vole à gauche et à droite ?

√ Mon personnage est exhibitionniste. J'ai honte de lui et, chaque fois que j'écris, je dois me battre contre la censure. Dois-je abandonner mon projet ?

Narration

√ L'histoire est-elle plus importante que la façon dont on la raconte ?

√ Parmi tous les personnages de mon roman, comment choisir celui qui va raconter l'histoire ?

√ J'ai un problème. Mon roman est écrit au « je » et je viens de m'apercevoir que ce serait nettement mieux à la troisième personne. J'ai changé tous les pronoms grammaticaux, mais je ne suis pas convaincu du résultat. Comment doit-on procéder dans un cas semblable ?

√ Si j'utilise plusieurs narrateurs dans un même roman, comment puis-je arriver à donner un ton, un langage, une voix à chacun d'entre eux ?

√ Est-ce normal ? J'ai changé le narrateur de ma nouvelle et on dirait que le rythme et le ton ont changé.

Personnage

√ Comment construit-on un personnage ? Par où commencer ? Comment naissent les personnages ?

√ Mon personnage ne fait pas ce que je veux. Est-ce possible ? Comment évacuer un personnage devenu gênant ou inutile ?

√ Peut-on être habité par un personnage au point où il nous surprend, on le pleure, on le voit partout, on le reconnaît sous les traits d'un pur inconnu ?

√ S'inspirer d'une personne réelle est-il plus facile que d'inventer un personnage ?

√ Dois-je faire attention pour que les gens ne se reconnaissent pas quand j'écris une histoire « vraie » ?

Description

√ Suivant l'esthétique actuelle du XXIᵉ siècle, peut-on encore faire des descriptions ?

√ J'ai tendance à décrire mes personnages de façon exhaustive. Comment puis-je apprendre à sabrer dans mes descriptions ?

√ Puis-je décrire mon personnage si le roman est écrit au « je » ? Comment dois-je m'y prendre ?

√ Même si l'on doit faire preuve d'une grande économie de moyens, peut-on décrire les lieux et les personnages dans une nouvelle ?

√ Comment intégrer le portrait physique et psychologique d'un personnage au fil de l'action ?

Temps

√ Comment sentir si je dois raconter mon histoire au passé ou au présent ?

√ Comment fait-on passer le temps dans une histoire (sans dire un mois plus tard, deux ans auparavant, etc.) ?

√ Comment jouer sur le temps de l'action ?

√ Dans un roman ou une nouvelle, comment arriver à briser l'ordre chronologique et à jouer avec les fragments d'histoire ?

√ Comment décider de l'ordre des scènes si l'on ne suit pas l'ordre chronologique ?

Dialogue

√ Comment faire parler un personnage ?

√ Comment rendre un dialogue réaliste ? Puis-je retranscrire une conversation telle que je l'ai entendue ?

√ Lorsqu'on écrit du dialogue : quand doit-on mettre des incises (dit-elle, répondit-elle, argumenta-t-il…) et combien doit-on en mettre ?

√ La graphie des mots et le niveau de langage de mes personnages me posent parfois de graves problèmes. Jusqu'où va-t-on lorsqu'on retranscrit les paroles d'un personnage ?

√ Mes personnages parlent trop. Comment puis-je choisir quels passages doivent être dialogués et quels passages doivent être narrativisés ?

Intrigue

- √ Comment puis-je faire rebondir mon histoire ?

- √ Mes personnages sont fascinants mais mon histoire s'avère ennuyeuse. Comment puis-je remédier à la situation ?

- √ Une bonne histoire est-elle un gage de succès ?

- √ Y a-t-il un schéma commun à toutes les histoires ?

- √ Mes chutes sont trop prévisibles. Comment apprendre à soigner la fin de mes nouvelles ? Comment apprendre à faire une fin ouverte ?

Genres

- √ Comment écrire un best-seller ?

- √ Quels sont les éléments à la base d'un récit fantastique, de science-fiction, onirique, réaliste, policier ?

- √ Dans un recueil de nouvelles, peut-on ou doit-on tisser des liens entre les textes ?

- √ J'ai écrit une histoire de 90 pages. Comment savoir s'il s'agit d'une longue nouvelle ou d'un court roman ?

- √ J'ai l'impression qu'il y a autant de formes de poésie que de poètes. Comment trouver ma voix ?

Édition

√ Quelles sont les conditions pour obtenir une bourse du Conseil des Arts ?

√ Combien de temps dois-je prévoir avant d'obtenir une réponse des maisons d'édition ?

√ L'éditeur a retouché mon texte et je ne suis pas d'accord avec les corrections. Puis-je imposer ma vision des choses ?

√ Quels sont les critères d'un bon contrat d'édition ?

√ Peut-on vivre de sa plume au Québec ?

L'ARRIÈRE-BOUTIQUE

> Comme directeur, j'estime
> avoir bien fait mon travail,
> quand, malgré toutes mes inter-
> ventions et mes commentaires,
> je constate que je n'aurais
> jamais été capable d'écrire tel
> ou tel texte, qu'on n'y reconnaît
> ni mon style, ni mon ton, ni
> mes préoccupations. Signe que
> l'étudiant a su développer sa
> griffe et faire entendre sa voix.
>
> André MARQUIS,
> « Fragments d'un art directif ».

L'atelier d'écriture s'achève bien avant que les participants n'aient complété leur projet d'écriture. Certains s'inscriront à un autre atelier, alors que d'autres cesseront d'écrire. Il y aura aussi ceux qui consacreront temps et énergie à poursuivre leur démarche de création seuls, car elle sera devenue essentielle et fertile.

> *À la fin du voyage – mais le voyage ne finit jamais –, au moment où l'écriture s'est fixée dans une direction où l'auteur est devenu plus petit que ses mots, un interlocuteur est appelé ; alors nous quittons le champ de l'écriture proprement dit.* (Bélanger, 1994 : 32)

Ainsi, le relais de l'auteur vers le lecteur aura progressivement pris forme.

> *L'idéal à atteindre serait celui d'un lecteur si semblable à l'écrivain qu'il aurait l'impression d'être à la fois un témoin réel de l'histoire et l'auteur de ce même texte. Son émerveillement*

devrait ressembler à l'émerveillement éprouvé par
l'auteur en créant originalement le récit.
Cet idéal n'est jamais atteint. [...]
Heureusement, chaque lecteur sélectionne des
livres correspondant à son propre univers. (Kokis,
1996 : 40-41)

Le passage de l'écriture à la lecture, et l'inverse,
a intéressé bien des littéraires. « Lire n'est pas un
acte idéal, un don de soi que ferait le texte au lecteur
qui n'aurait qu'à le cueillir intact, mais, et nécessairement, un coup de force, un acte d'appropriation. »
(Gervais, 1998 : 15) Dans cette optique, lire et écrire
seraient du même ordre. Ainsi, le prolongement de
l'atelier s'effectue naturellement par la lecture vers
la grande sphère littéraire.

En regroupant sous quatre catégories les questions recensées, nous avons constaté que se creusait
naturellement un passage de l'atelier à l'écriture, de
l'écriture au récit et du récit à la littérature. Ce cheminement suit la trajectoire des personnes qui s'inscrivent à un atelier avec des préoccupations reliées
d'abord à son mode de fonctionnement : l'animation
par un écrivain, un professeur ou un directeur de
collection, le genre littéraire privilégié s'il y a lieu,
le nombre et l'expérience des participants, les textes
à écrire et à présenter au groupe, les commentaires à
formuler sur les textes des autres, la notation
lorsqu'il s'agit d'un cours, les lectures à effectuer, la
durée et les coûts de l'atelier, etc.

FIGURE 2
LE PASSAGE DE L'ATELIER À LA LITTÉRATURE
PAR LES QUESTIONS DES PARTICIPANTS

Aussitôt rassurés, les participants se penchent sur leur démarche d'écriture, questionnant leur propre désir d'écrire, leur imagination et leur capacité à élaborer une histoire. Ils prennent plaisir à échanger sur ces thèmes entre eux et avec l'animateur, ce qui met à l'épreuve leur posture d'apprenti écrivain. Même si des doutes les assaillent, ils se risqueront à écrire. Leurs questions seront par la suite davantage orientées vers le genre qu'ils auront choisi d'explorer (récit, poésie, théâtre…). Ils seront friands d'exposés techniques, solliciteront des commentaires sur leurs textes, émettront leurs opinions sur l'art d'écrire et feront l'analyse d'œuvres publiées.

À force d'écrire et de lire, les participants résoudront les problèmes soulevés par leurs textes en chantier et découvriront l'inépuisable richesse de la littérature. Ils poseront un regard intéressé sur de grandes œuvres dont ils n'avaient évalué ni la qualité ni la portée avant d'amorcer leur démarche d'écriture. Ils souhaiteront obtenir des réponses à leurs interrogations au sujet du style, de l'originalité et de l'avancée du texte vers le manuscrit. Certains iront plus loin encore et consulteront les essais des théoriciens de la littérature, des chercheurs en études génétiques et des spécialistes de l'édition.

Il incombe à l'animateur de faciliter cette transition en multipliant les références littéraires dès le début de l'atelier. On ne saurait minimiser l'importance de la lecture comme méthode d'apprentissage. Joseph Bonenfant, un des pionniers en animation d'atelier, en était éminemment convaincu :

> *Par lecture, j'entends l'esprit colleté au texte, à sa genèse, à ses manipulations, à ses conditions de production, de diffusion, de réception. L'atelier révèle qu'au Québec, au moins, nous manquons beaucoup plus à la lecture qu'à l'écriture.* (1988 : 114).

Écrire n'est pas une sinécure ! Mais c'est un projet emballant pour qui est prêt à se colleter avec les mots, les sons et la syntaxe afin de produire une œuvre qui reflétera sa vision du monde à un moment unique de son existence.

L'ENTREPÔT

ANNEXE A

LES ATELIERS D'ÉCRITURE
ET LE MENTORAT AU QUÉBEC

(liste non exhaustive, à titre indicatif seulement
et sujette à changement sans préavis…)

I.1 LES INSTITUTIONS D'ENSEIGNEMENT

DOCTORAT ET MAÎTRISE

Une fois sa scolarité terminée, l'étudiant en
création littéraire présente une thèse de doctorat ou
un mémoire de maîtrise incluant deux volets :
création et essai. Chaque institution a des exigences
particulières.

- Diplôme (Ph.D.) notamment offert à l'Université de Sherbrooke, à l'Université Laval, à
  l'UQÀM et à l'UQAC-UQAR-UQTR.
- Diplôme (M.A.) notamment offert à l'Université de Sherbrooke, à l'Université Laval, à
  l'UQÀM, à l'UQAC-UQAR-UQTR, à l'Université Concordia et à l'Université McGill.

BACCALAURÉAT

De nombreux ateliers d'écriture (d'une valeur
de 3 crédits) sont offerts par toutes les institutions,
principalement dans les programmes d'études

françaises et anglaises (écriture littéraire : poésie, prose, théâtre, etc.) ainsi que dans les programmes de communication (écriture fonctionnelle : journalistique, publicitaire, radiophonique, télévisuelle, etc.).

CERTIFICAT

En général, un certificat peut être suivi à temps partiel et comporte une dizaine de cours de 3 crédits. Voici quelques certificats qui regroupent des cours axés sur l'écriture :

- Certificat en pratiques rédactionnelles (UQAT)
- Certificat en création littéraire (UQÀM, Université Laval)
- Certificat en français écrit (UQÀM, UQTR, UQAR)
- Certificat de rédaction française (Université de Sherbrooke)

ÉCRIVAIN EN RÉSIDENCE

Un écrivain est invité à écrire à l'université et à rencontrer les étudiants en classe ou, sur rendez-vous, au bureau.

L'Université de Montréal, l'Université Concordia et l'UQÀM reçoivent régulièrement des écrivains en résidence.

UNIVERSITÉ DU TROISIÈME ÂGE

Il s'agit d'activités, ni créditées ni évaluées, proposées aux gens de 50 ans et plus, notamment à l'Université de Sherbrooke et à l'Université Laval. Des ateliers d'écriture y sont périodiquement offerts.

ÉTUDES COLLÉGIALES

La majorité des cégeps incluent quelques ateliers d'écriture dans leur programme d'Arts et lettres.

Quatre cégeps proposent des ateliers dans le cadre de la formation continue ou du troisième âge : Gérald-Godin, Granby Haute-Yamaska (écriture de chansons), Maisonneuve et Saint-Hyacinthe.

I.2 LES ASSOCIATIONS LITTÉRAIRES

L'Union des écrivaines et des écrivains québécois (UNEQ) gère un programme de parrainage avec des écrivains et produit des documents concernant le métier d'écrivain (contrats d'édition, impôts).

D'autres associations d'auteurs ou d'éditeurs mettent périodiquement sur pied des ateliers d'écriture, notamment par genres littéraires. La plupart ont des sites sur Internet.

Le Camp littéraire Félix fournit différents services : la présence d'un écrivain en résidence, un programme de mentorat avec un écrivain, des ateliers d'écriture de niveaux « formation, approfondissement et perfectionnement », par genres littéraires, lors de séjours intensifs dans une auberge près de Rivière-du-Loup ou « hors les murs ».

La Fédération québécoise du loisir littéraire organise des ateliers d'écriture pour le grand public.

I.3 LES ORGANISMES CULTURELS

Des ateliers d'écriture sont aussi offerts, à l'occasion de festivals et de salons du livre, par des organismes culturels régionaux, notamment les bibliothèques publiques et les maisons de la culture. Des renseignements à ce sujet sont généralement publiés dans les journaux.

I.4 LES INITIATIVES INDIVIDUELLES

De petits groupes se forment autour d'un individu, qui les supervise selon leurs besoins. Plusieurs ateliers de cette nature (de même que des services de supervision, de réécriture et de révision linguistique) font leur publicité sur Internet.

ANNEXE B

BIBLIOGRAPHIE

ADAM, Jean-Michel (1993), *La description*, Paris, Presses universitaires de France. (Coll. « Que sais-je ? ».)

AJAR, Émile (1975), *La vie devant soi*, Paris, Mercure de France.

ALBALAT, Antoine ([1899] 1992), *L'art d'écrire*, Paris, Armand Colin Éditeur. (Coll. « L'Ancien et le Nouveau ».)

ANZIEU, Didier (1981), *Le corps de l'œuvre : essais psychanalytiques sur le travail créateur*, Paris, Gallimard. (Coll. « NRF-Connaissance de l'inconscient ».)

ARAGON, Louis (1969), *Je n'ai jamais appris à écrire ou les incipit*, Genève/Paris, Skira-Les sentiers de la création/Flammarion. (Coll. « Champs ».)

ARCAND, Nelly (2001), *Putain*, Paris, Seuil.

ARMEL, Aliette (1997), « Daniel Pennac. Au bonheur des enfants », entretien, *Magazine littéraire*, n° 357 (septembre), p. 96-103.

AUDET, Noël (1988a), *L'Ombre de l'épervier*, Montréal, Québec/Amérique. (Coll. « Littérature d'Amérique ».)

AUDET, Noël (1988b), « "Semer dans le sillon de la nuit" », Actes du colloque sur les ateliers de création, Université du Québec à Trois-Rivières, *Revue des Écrits de Forges*, n° 26 (novembre), p. 31-40.

AUDET, Noël (1990), *Écrire de la fiction au Québec*, Montréal, Québec/Amérique. (Coll. « Littérature d'Amérique ».)

AUDET, Noël (2002), *Ce qu'il nous reste de liberté*, Notre-Dame-des-Neiges, Éditions Trois-Pistoles. (Coll. « Écrire ».)

BACUS, Anne, et Christian ROMAIN (1992), *Développez votre créativité*, Alleur, Marabout. (Coll. « Marabout service ».)

BALAZARD, Sophie, et Élisabeth GENTET-RAVASCO (1998), *L'atelier d'expression et d'écriture au collège*, Paris. A. Colin.

BARCELO, François (1998), *Cadavres*, Paris, Gallimard. (Coll. « Série noire ».)

BARCELO, François (2001), *En toute liberté*, Notre-Dame-des-Neiges, Éditions Trois-Pistoles. (Coll. « Écrire ».)

BARICCO, Alessandro (1998), *Océan mer*, Paris, Albin Michel, texte original paru à Milan chez Rizzoli Libri, en 1993. (Coll. « Les grandes traductions ».)

BÉLANGER, Paul (1994), « Objets pour un dialogue du temps et de l'espace dans l'écriture », dans COLLECTIF, *Dans l'écriture*, Montréal, XYZ Éditeur, p. 15-49. (Coll. « Travaux de l'atelier ».)

BERTHELOT, Francis (2003), *Du rêve au roman. La création romanesque*, Dijon, Éditions universitaires de Dijon. (Coll. « U21 ».)

BERTRAND, Claudine (1988), « Mémoire et écriture de femmes », Actes du colloque sur les ateliers de création, Université du Québec à Trois-Rivières, *Revue des Écrits de Forges*, nº 26 (novembre), p. 107-110.

BESSONNAT, Daniel (1989), « Apprendre à rédiger des paroles de personnages », *Pratiques*, n° 64 (décembre), p. 5-38.

BESSONNAT, Daniel *et al.* (1994), « Paroles de personnages : bâtir une progression », *Pratiques*, n° 83, 124 p.

BISSONNETTE, Lise (2001), *Des lettres et des saisons*, Notre-Dame-des-Neiges, Éditions Trois-Pistoles. (Coll. « Écrire ».)

BLAIS, Marie-Claire (1995), *Soifs*, Montréal, Boréal.

BON, François (2000), *Tous les mots sont adultes. Méthodes pour l'atelier d'écriture*, Paris. A. Fayard.

BONENFANT, Joseph (1988), « L'atelier d'écriture/lecture », Actes du colloque sur les ateliers de création, Université du Québec à Trois-Rivières, *Revue des Écrits de Forges*, n° 26 (novembre), p. 111-115.

BORDELEAU Francine (2000), « Gaétan Soucy ou l'écriture du pardon », *Lettres québécoises*, n° 97 (printemps), p. 13-15.

BOTTON, Marcel (1995), *La créativité appliquée en 50 fiches*, Paris, Les éditions d'organisation. (Coll. « EQ/FP ».)

BOURNEUF, Roland, et Réal Ouellet (1972), *L'Univers du roman*, Paris, Presses universitaires de France. (Coll. « SUP : littératures modernes ».)

BREMOND, Claude (1973), *Logique du récit*, Paris, Seuil. (Coll. « Poétique ».)

BROSSARD, Nicole (2004), *L'horizon du fragment*, Notre-Dame-des-Neiges, Éditions Trois-Pistoles. (Coll. « Écrire ».)

BRULOTTE, Gaëtan (2003), *La chambre des lucidités*, Notre-Dame-des-Neiges, Éditions Trois-Pistoles. (Coll. « Écrire ».)

BUTOR, Michel (1957), *La Modification*, Paris, Éditions de Minuit.

CALVINO, Italo (1981), *Si par une nuit d'hiver un voyageur*, Paris, Seuil. (Coll. « Points ».)

CAMP LITTÉRAIRE FÉLIX, http ://pages.globetrotter.net/camplitterairefelix/.

CANVAT, Karl (1999), *Enseigner la littérature par les genres. Pour une approche théorique et didactique de la notion de genre littéraire*, Bruxelles/Paris, De Boeck/Duculot. (Coll. « Savoirs en pratique ».)

CARPENTIER, André (1988), « Écrire des nouvelles en atelier », Actes du colloque sur les ateliers de création, Université du Québec à Trois-Rivières, *Revue des Écrits de Forges*, n° 26 (novembre), p. 107-110.

CARPENTIER, André (2001), « Bienvenue à l'opéra (Éloge de la démesure) », dans Christiane LAHAIE et Nathalie WATTEYNE, *Lecture et écriture : une dynamique. Objets et défis de la recherche en création littéraire*, Québec, Éditions Nota bene, p. 209-224.

CHAMBERLAND, Paul (1988), « Écrire en atelier », Actes du colloque sur les ateliers de création, Université du Québec à Trois-Rivières, *Revue des Écrits de Forges*, n° 26 (novembre), p. 60-66.

CHIARELLA, Tom (2000), *Écrire des dialogues. Comment créer des voix mémorables et des dialogues fictifs qui pétillent d'esprit, de tension et de nuance*, traduit de l'américain par Aline de Pétigny et Carole Lager, Cholet, Écrire aujourd'hui.

COHN, Dorrit (1981), *La transparence intérieure. Modes de représentation de la vie psychique dans le roman*, Paris, Seuil. (Coll. « Poétique ».)

CORRIVEAU, Hugues (2001), *Troublant : cent récits*, Montréal, Québec/Amérique. (Coll. « Mains libres ».)

COSSETTE, Claude (1990), *La créativité. Une nouvelle façon d'entreprendre*, Montréal, Publications Transcontinental inc. (Coll. « Les Affaires ».)

CSIKSZENTMIHALYI, Mihaly (2006), *La créativité. Psychologie de la découverte et de l'invention*, Paris, Robert Laffont. (Coll. « Réponses ».)

DE BIASI, Pierre-Marc (2001), « Lis tes ratures », *Magazine littéraire*, n° 397 (avril), p. 96-102.

DE CORTANZE, Gérard (2001), « Arturo Pérez-Reverte. Ma vraie patrie, c'est mon enfance », entretien, *Magazine littéraire*, n° 399 (juin), p. 98-103.

DE CORTANZE, Gérard (2002), « Didier Decoin. Le goût de l'errance », entretien, *Magazine littéraire*, n° 406 (février), p. 98-103.

DELBAT, Jean-Luc (1994), *Le métier d'écrire : entretiens avec 18 écrivains*, Paris, Le Cherche Midi.

DELCROIX, Maurice, et Fernand HALLYN (1995) (dir.), *Introduction aux études littéraires. Méthodes du texte*, Paris, Duculot.

DEMORY, Bernard (1976), *La créativité en 50 questions*, Paris, Chotard & associés éditeurs.

DE RAMBURES, Jean-Louis (1978), *Comment travaillent les écrivains*, Paris, Flammarion.

DRU, Jean-Marie (1997), *Disruption. Briser les conventions et redessiner le marché*, Paris, Village mondial.

DUCHESNE, Alain, et Thierry LEGUAY ([1985] 1994) *Petite fabrique de littérature*, Paris, Éditions Magnard. (Coll. « Textes et contextes périphériques ».)

DUCHESNE, Christiane (1999), *L'Homme des silences*, Montréal, Boréal.

DUMORTIER, Jean-Louis, et Francine PLAZANET (1980), *Pour lire le récit*, Bruxelles/Paris, De Boeck/Duculot. (Coll. « Série Formation continuée ».)

DUPRÉ, Louise (1988), « Portrait de l'artiste, revu et corrigé… », Actes du colloque sur les ateliers de création, Université du Québec à Trois-Rivières, *Revue des Écrits de Forges*, n° 26 (novembre), p. 77-82.

DUPRÉ, Louise (2001), *La voie lactée*, Montréal, XYZ. (Coll. « Romanichels ».)

DURAS, Marguerite (1993), *Écrire*, Paris, Gallimard.

DURRER, Sylvie (1999), *Le dialogue dans le roman*, Paris, Nathan.

FISHER, Marc (2000), *Conseils à un jeune romancier*, Montréal, Québec Amérique.

FLEURY, Marie-Josée, et Francine PRÉVOST (2004). *Écrire. Labeur et plaisir*, Montréal, Québec Amérique.

FOURNIER, Guy (2003), *Le plus vieux métier du monde*, Notre-Dame-des-Neiges, Éditions Trois-Pistoles. (Coll. « Écrire ».)

FREUD, Sigmund ([1933] 1976), *Essais de psychanalyse appliquée*, Paris, Gallimard.

FUSTIER, Michel, en collaboration avec Bernadette FUSTIER (1988), *Pratique de la créativité*, 5ᵉ édition, Lyon, Éditions S.M.E.

GAGNON, Daniel (2003), *A contrario*, Notre-Dame-des-Neiges, Éditions Trois-Pistoles. (Coll. « Écrire ».)

GAMBARO, Fabio (1998), « Claudio Magris. Je suis un écrivain de la frontière », entretien, *Magazine littéraire*, n° 370 (novembre), p. 98-103.

GAMBARO, Fabio (2001), « Rosetta Loy. La tentation auto-biographique », entretien, *Magazine littéraire*, n° 404 (décembre), p. 98-103.

GENETTE, Gérard (1972), *Figures III*, Paris, Seuil.

GENETTE, Gérard (1983), *Nouveau discours du récit*, Paris, Seuil. (Coll. « Poétique ».)

GENETTE, Gérard (2002), *Figure V*, Paris, Seuil.

GERVAIS, Bertrand (1998), *Lecture littéraire et explorations en littérature américaine*, Montréal, XYZ Éditeur. (Coll. « Théorie et littérature ».)

GIONO, Jean (1968), *Ennemonde et autres caractères*, Paris, Gallimard. (Coll. « Folio ».)

GIROUX, André (1979), *Au-delà des visages*, Montréal, Fides. (Coll. « Bibliothèque québécoise ».)

GLAUDES, Pierre, et Yves REUTER (1998), *Le personnage*, Paris, PUF. (Coll. « Que sais-je ? ».)

GOLDENSTEIN, Jean-Pierre ([1989] 1995), *Pour lire le roman*, Bruxelles/Paris, De Boeck/Duculot. (Coll. « Savoirs en pratique ».)

GOURDEAU, Gabrielle (1993), *Analyse du discours narratif*, Boucherville/Paris, Gaëtan Morin éditeur/Magnard.

GOURDEAU, Gabrielle (2001), *Mais z'encore ?*, Notre-Dame-des-Neiges, Éditions Trois-Pistoles. (Coll. « Écrire ».)

GREIMAS, Algirdas Julien (1966), *Sémantique structurale. Recherche de méthode*, Paris, Larousse. (Coll. « Langue et langage ».)

GUY, Hélène (1995), « Un mot en appelle un autre. Approche praxéologique du processus de création littéraire ». Thèse de doctorat, Sherbrooke, Université de Sherbrooke.

GUY, Hélène, et André MARQUIS (1999) (dir.), *Le choc des écritures. Procédés, analyses et théories*, Québec, Éditions Nota bene.

GUY, Hélène, avec la collaboration de David FORGET (2001), « Comment lisent les écrivains ? », dans Christiane LAHAIE et Nathalie WATTEYNE, *Lecture et écriture : une dynamique. Objets et défis de la recherche en création littéraire*, Québec, Éditions Nota bene, p. 33-51.

HAAS, Ghislaine, et Danielle LORROT (1987), « Pédagogie du texte descriptif », *Pratiques*, n° 55 (sept.), p. 28-46.

HAMON, Philippe (1977), « Pour un statut sémiologique du personnage », dans Roland Barthes *et al.*, *Poétique du récit*, Paris, Seuil. (Coll. « Points ».)

HAMON, Philippe (1983), *Le personnel du roman. Le système des personnages dans « Les Rougon-Macquart » d'Émile Zola*, Genève, Droz.

HAMON, Philippe ([1981] 1993), *Du descriptif*, Paris, Hachette Supérieur. (Coll. « Hachette Université. Recherches littéraires ».)

HÉBERT, Anne (1982), *Les fous de Bassan*, Paris, Seuil. (Coll. « Points Roman ».)

HIGHSMITH, Patricia ([1987] 1988), *L'art du suspense. Mode d'emploi*, Paris, Calmann-Lévy/Presses Pocket.

JACOB, Suzanne (1997), *La bulle d'encre*, Montréal, Presses de l'Université de Montréal.

JACOB, Suzanne (2001), *Rouge, mère et fils*, Paris, Seuil.

JAOUI, Hubert (1990), *La Créativité mode d'emploi*, Paris, Les éditions ESF-Entreprise moderne d'édition et Librairies techniques. (Coll. « Formation permanente en sciences humaines ».)

JOTTERAND, Ulrich (1993), « Travail sur les représentations initiales en matière de personnages », *Pratiques*, n° 78, p. 39-77.

JOUVE, Vincent (1992), *L'effet-personnage dans le roman*, Paris, Presses universitaires de France. (Coll. « Écriture ».)

JUNG, Carl Gustav (1988), *Essai d'exploration de l'inconscient*, Paris, Gallimard.

KING, Stephen (2001), *Écriture. Mémoire d'un métier*, Paris, Albin Michel.

KOKIS, Sergio (1996), *Les langages de la création*, Montréal, Nuit blanche éditeur/CEFAN.

KUNDERA, Milan (1986), *L'art du roman*, Paris, Gallimard. (Coll. « Folio ».)

LACARRA, Marcel (1979), *Les temps des verbes. Lesquels utiliser ? Comment les écrire ?*, Paris/Gembloux, Duculot.

LACHAPELLE, Louise (1994), « Écriture et aveuglement », dans Collectif, *Dans l'écriture*, Montréal, XYZ Éditeur, p. 75-113. (Coll. « Travaux de l'atelier ».)

LAFLEUR, Normand (1980), *Écriture et créativité*, Montréal, Leméac. (Coll. « Documents ».)

LAHAIE, Christiane (2001), « L'écriture nouvellière et la (non) représentation du lieu », dans Christiane LAHAIE et Nathalie WATTEYNE, *Lecture et écriture : une dynamique. Objets et défis de la recherche en création littéraire*, Québec, Éditions Nota bene, p. 85-109.

LANE-MERCIER, Gillian (1989), *La parole romanesque*, Ottawa/Paris, Presses de l'Université d'Ottawa/Klincksieck.

LAPIERRE, René (1988), « L'exigence de la forme », Actes du colloque sur les ateliers de création, Université du Québec à Trois-Rivières, *Revue des Écrits de Forges*, no 26 (novembre), p. 67-70.

LAURENT, Jacques (1988), *Le français en cage*, Paris, Bernard Grasset.

LEGENDRE, Bertrand (1999) (dir.), *Les rendez-vous de l'édition*, Paris, Bibliothèque publique d'information. (Coll. « BPI en actes ».)

LODGE, David (1996), *L'art de la fiction*, traduction de Michel et Nadia Fuschs, Paris, Éditions Payot.

MADIOT, Pierre (1999), « Savoir inventer ce que l'on voit », *Cahiers pédagogiques*, no 373 (Décrire dans toutes les disciplines – avril), p. 26-28.

MAJOR, André (1997), *L'Écriture en question*, entretiens, Montréal, Leméac. (Coll. « L'Écritoire ».)

MALLIÉ, Myriam (1996), *À vos plumes. 1001 conseils pour écrivains et conteurs en herbe*, [Tournai], Casterman. (Coll. « Les heures bonheurs ».)

MARIN LA MESLÉE, Valérie (2003), « Arnon Grunberg. Je ne pourrais pas assumer un roman qui ne contiendrait ni peur ni angoisse », *Magazine littéraire*, no 422 (août), p. 24.

MARQUIS, André (1998), *Le style en friche. L'art de retravailler ses textes. 75 fiches illustrant des erreurs et maladresses stylistiques*, Montréal, Triptyque.

MARQUIS, André (2001), « Fragments d'un art directif », dans Christiane LAHAIE et Nathalie WATTEYNE, *Lecture et écriture : une dynamique. Objets et défis de la recherche en création littéraire*, Québec, Éditions Nota bene, p. 141-147.

MAURON, Charles (1962), *Des métaphores obsédantes au mythe personnel : introduction à la psychocritique*, Paris, José Corti.

MICHON, Jacques (1999) (dir.), *Histoire de l'édition littéraire au Québec au XXe siècle. La naissance de l'éditeur 1900-1939*, vol. 1, Montréal, Fides.

MICHON, Jacques (2004) (dir.), *Histoire de l'édition littéraire au Québec au XXe siècle. Le temps des éditeurs 1940-1959*, vol. 2, Montréal, Fides.

MISTRAL, Christian (2003), *Origines*, Notre-Dame-des-Neiges, Éditions Trois-Pistoles. (Coll. « Écrire ».)

MOLINO, Jean (1992), « Logiques de la description », *Poétique*, n° 91, p. 363-382.

PAQUIN, Michel, et Roger RENY (1984), *La lecture du roman*, Belœil, Éditions La lignée.

PELLERIN, Gilles (1997), *Nous aurions un petit genre*, Québec, L'instant même.

PELLETIER, Jean-Jacques (2002), *Pour inquiéter et pour construire*, Notre-Dame-des-Neiges, Éditions Trois-Pistoles. (Coll. « Écrire ».)

PETITJEAN, André (1987), « Fonctions et fonctionnements des descriptions dans l'écriture réaliste : l'exemple des paysages », *Pratiques*, n° 55 (sept.), p. 61-88.

PEYROUTET, Claude (1994), *Style et rhétorique*, Paris, Nathan. (Coll. « Repères pratiques ».)

PROLONGE, Hubert (2004), « Les obsédés textuels », *Le Nouvel Observateur*, 6-12 mai, p. 52-54.

PROPP, Vladimir (1970), *Morphologie du conte* suivi de *Les transformations des contes merveilleux* et de *L'étude structurale et typologique du conte*, Paris, Seuil. (Coll. « Points ».)

QUENEAU, Raymond (1947), *Exercices de style*, Paris, Gallimard. (Coll. « Folio ».)

RAPP, Bernard (1997), « T.C. Boyle. Je n'ai pas encore fait le tour de mes obsessions », entretien, *Magazine littéraire*, nº 356 (juillet-août), p. 114-116.

REUTER, Yves (1987), « Descriptions de femmes. Un atelier descripture », *Pratiques*, nº 55 (sept.), p. 47-60.

REUTER, Yves, et Catherine TAUVERON (1998), « Propos et propositions sur la description de personnages à l'école », *Pratiques*, nº 99, p. 43-69.

REUTER, Yves (1999), « Douze propositions pour construire la description », *Cahiers pédagogiques*, nº 373 (« Décrire dans toutes les disciplines » - avril), p. 11-13.

REUTER, Yves (2000), *La description : des théories à l'enseignement-apprentissage*, Issy-les-Moulineaux, ESF Éditeur. (Coll. « Didactique du français ».)

RIOUX, Hélène (1995), *Traductrice de sentiments*, Montréal, XYZ. (Coll. « Romanichels ».)

RIST, Colas, et Camille RONDIER-PERTUISOT (1992), *34 fiches de perfectionnement à l'écriture créative*, Paris, Les Éditions d'organisation. (Coll. « Fiches EO-Formation permanente ».)

RIVAIS, Yak (1992), *Jeux de langage et d'écriture. Littératurbulence*, Paris, Retz. (Coll. « Pédagogie pratique ».)

ROBBE-GRILLET, Alain (1964), *Pour un nouveau roman*, Gallimard. (Coll. « Idées ».)

ROCHE, Anne, Andrée GUIGUET et Nicole VOLTZ ([1989] 1998), *L'atelier d'écriture. Éléments pour la rédaction du texte littéraire*, nouvelle édition entièrement revue et corrigée par les auteurs, Paris, Dunod.

Rodari, Giani (1979), *Grammaire de l'imagination. Introduction à l'art de raconter des histoires*, Paris, Éditions Messidor.

Rollin, André (1986), *Ils écrivent où ? Quand ? Comment ?*, entretiens, Paris, Éditions Mazarine/France culture.

Roy, Bruno (2003), *Consigner ma naissance*, Notre-Dame-des-Neiges, Éditions Trois-Pistoles. (Coll. « Écrire ».)

Roy, Claude (1968), *Défense de la littérature*, Paris, Gallimard. (Coll. « Idées. Littérature ».)

Royer, Jean (1999), *Écrivains contemporains. Nouveaux entretiens*, Montréal, Éditions Trait d'union.

Russel, Raymond (1963), *Comment j'ai écrit certains de mes livres*, [Paris], Jean-Jacques Pauvert, éditeur. (Coll. « 10/18 ».)

San-Antonio (1966), *Salut, mon pope !*, Paris, Fleuve noir.

Simard, Jean-Paul ([1984] 2005), *Guide du savoir-écrire*, nouvelle édition revue et corrigée, Montréal, Éditions Éditions de l'Homme.

Smith, Donald (1983), *L'écrivain devant son œuvre*, Montréal, Québec/Amérique. (Coll. « Littérature d'Amérique ».)

Soucy, Gaétan (1998), *La petite fille qui aimait trop les allumettes*, Montréal, Boréal.

Stachak, Faly (2004), *Écrire, un plaisir à la portée de tous. 350 techniques d'écriture créative*, Paris, Éditions d'Organisation.

Stalloni, Yves (1997), *Les genres littéraires*, Paris, Dunod. (Coll. « Les topos ».)

Tauveron, Catherine (1995), *Le personnage. Une clef pour la didactique du récit à l'école élémentaire*, Paris, Delachaux et Niestlé.

TAUVERON, Catherine (1999), « Et si on allait voir du côté des écrivains », *Cahiers pédagogiques*, nº 373 (Décrire dans toutes les disciplines - avril), p. 19-21.

THÉORET, Michel, et André MAREUIL (1991), *Grammaire du français actuel pour les niveaux collégial et universitaire*, Montréal, Centre Éducatif et Culturel

TIMBAL-DUCLAUX, Louis (1986), *L'écriture créative. Cinq techniques pour libérer l'inspiration, produire des idées pour communiquer avec efficacité*, Paris, Retz.

TISSEYRE, Pierre (1993), *L'art d'écrire*, Saint-Laurent, Éditions Pierre Tisseyre.

TRAN HUY, Minh (2003), « Haruki Murakami. Écrire c'est comme rêver éveillé », entretien, *Magazine littéraire*, nº 421 (juin), p. 96-102.

UNION DES ÉCRIVAINES ET DES ÉCRIVAINS QUÉBÉCOIS, www.uneq.qc.ca.

UNION DES ÉCRIVAINES ET DES ÉCRIVAINS QUÉBÉCOIS (1993), *Le métier d'écrivain. Guide pratique*, Montréal, Boréal.

VERLET, Agnès (2003), « L'angoisse d'écrire », *Magazine littéraire*, nº 422 (août), p. 22-25.

VIGNEAULT, Guillaume (2001), *Carnets de naufrage*, Montréal, Boréal. (Coll. « Boréal compact ».)

VINSON, Marie-Christine (1987), « Description et point de vue : un travail de lecture / écriture au collège », *Pratiques*, nº 55 (sept.), p. 89-99.

VINSON, Marie-Christine (1990), « Écrire un dialogue de fiction », *Pratiques*, nº 65 (mars), p. 63-95.

VONARBURG, Élisabeth (1986), *Comment écrire des histoires : guide de l'explorateur*, Belœil, Éditions La Lignée.

VONARBURG, Élisabeth (2001), « L'écriture comme *bungee jumping* », dans Christiane LAHAIE et Nathalie WATTEYNE, *Lecture et écriture : une dynamique. Objets et défis de la recherche en création littéraire*, Québec, Éditions Nota bene, p. 65-74.

WATTEYNE, Nathalie (2001), « D'un désir singulier à la prise en compte d'une tradition : positions et perspectives du lecteur », dans Christiane LAHAIE et Nathalie WATTEYNE, *Lecture et écriture : une dynamique. Objets et défis de la recherche en création littéraire*, Québec, Éditions Nota bene, p. 17-24.

TABLE DES MATIÈRES

LISTE DES TABLEAUX ET FIGURES

AUTRES TITRES DISPONIBLES DANS NB POCHE

LEVER, Yves, *Les 100 films québécois qu'il faut voir*

MADORE, Édith, *Les 100 livres québécois pour la jeunesse qu'il faut lire*

MARTINEAU, Jacques, *100 romans québécois qu'il faut lire*

SAINT-JACQUES, Denis (dir.), *L'acte de lecture*

SAINT-JACQUES, Denis, Jacques LEMIEUX, Claude MARTIN et Vincent NADEAU, *Ces livres que vous avez aimés. Les best-sellers au Québec de 1970 à aujourd'hui*

SMITH, Jean-François, et Diane VINCENT (dir.), *La publicité déguisée*

VALOIS, Jeanne, « *Au nom de Dieu et du Profit* ». *Brève histoire médiévale pour francophones nord-américains*

VINCENT, Diane, et Olivier TURBIDE (dir.), *Fréquences limites. La radio de confrontation au Québec*

ACHEVÉ D'IMPRIMER
CHEZ MARQUIS IMPRIMEUR INC.
CAP-SAINT-IGNACE (QUÉBEC)
EN AOÛT 2008
POUR LE COMPTE DES ÉDITIONS NOTA BENE

Dépôt légal, 2e trimestre 2007
Bibliothèque nationale du Québec